Sonja Speeter-Blaudszun | **Die Linie**

Sonja Speeter-Blaudszun
Die Linie | Ethnografisches Feldtagebuch einer Namibia-Forschung im Jahr 1996

Basler Afrika Bibliographien | 2020

Die Publikation ist mit einem Druckkostenzuschuss der Sulzmann-Stiftung, Johannes Gutenberg-Universität Mainz gefördert worden.

CARL SCHLETTWEIN
STIFTUNG

Die Basler Afrika Bibliographien sind Teil der Carl Schlettwein Stiftung

Coverfoto/Foto S. 3: Sich in einer Linie bewegend: Jugendliche in der Nähe von /Aotcha.
Foto S. 2: Sonja Speeter 1996 in /Aotcha, Eastern Bushmanland, Namibia.
© Sonja Speeter-Blaudszun

ISBN 978-3-906927-06-0

ISSN 1660-9638

Inhalt

Einleitung   7

Die Ju/'hoansi in der Nyae-Nyae-Region   12

Anmerkungen zur Orthografie   17

Tagebuch Namibia 2. Juli 1996 bis 31. August 1996   18

Chronologie meiner Reise   132

Nachsatz   136

Abkürzungsverzeichnis   137

Abbildungsverzeichnis   138

Literaturverzeichnis   139

Endnoten   142

Für Julia

EINLEITUNG

Mein privates Namibia-Tagebuch von 1996 ist ein persönliches Dokument, wenn nicht sogar ein „Geheimnis", dessen Einsichten und Gedanken nur wenige bisher kennengelernt und erfahren haben. Ich verfasste es als Quelle und kritische Reflexion einer Forschungsreise, die ich als angehende Ethnologin im Rahmen meiner Doktorarbeit zu historischen Forschungsexpeditionen von Ethnologen zu den Ju/'hoansi „Buschleuten" in der Nyae-Nyae-Region im nordöstlichen Namibia durchführte.[1] Insbesondere interessierten mich die Expeditionen der amerikanischen Forscherfamilie Lorna, Lawrence, John und Elizabeth Marshall, die die Region seit 1951 regelmäßig besuchten. Diese Expeditionen waren und sind für die Ju/'hoansi wie auch für die vielen WissenschaftlerInnen, die die Region seitdem besuch(t)en, von grundsätzlicher Bedeutung.

Als „echtes" Tagebuch schrieb ich nicht mit der Absicht einer späteren Veröffentlichung. Der aktuelle Anlass für die Transkription und der Wunsch, das Tagebuch jetzt, 22 Jahre nach meiner Reise, zu publizieren, wurde durch meine plötzliche Erkrankung an einem Hirntumor Ende April 2017 ausgelöst. Ich wünschte mir konkret, meiner Tochter Julia und meiner weiteren Familie etwas zu schenken bzw. zu hinterlassen. Das Tagebuchschreiben hatte ich schon als Jugendliche regelmäßig praktiziert, später auch Liedertexte, Kurzgeschichten, Essays und Gedichte geschrieben und z.T. veröffentlicht. Schreiben kann helfen, bestimmte Dinge zu verarbeiten und sich selbst besser zu verstehen. Die Rückschau wiederum erlaubt es, Muster zu erkennen und zu begreifen. Schreiben kann helfen, das Leben besser zu verstehen, und ein Tagebuch kann durchaus auch eine „therapeutische" Aufgabe übernehmen.

Während meines Studiums der Ethnologie, Soziologie und Pädagogik an der Universität Mainz (1988-1992) habe ich Tagebücher von Ethnologen[2] gelesen und gelernt, sie als Quelle kritisch zu reflektieren.[3] Dazu gehörten insbesondere semi-biografische Berichte von Ethnologinnen wie z.B. Elenore Smith Bowens „Return to laughter. An Anthropological Novel", Hortense Powdermakers Buch „Stranger and Friend", Elizabeth Marshall Thomas',,The Harmless People" und Marjorie Shostaks „Nisa erzählt".[4] Diese Werke von Frauen haben mich vielfältig beeindruckt. So ist auch mein Tagebuch ein klassischer Ausdruck meiner Identität und Alltäglichkeit im Feld und im Forschungsprozess. Hierbei ist darauf zu verweisen, dass die Geschichten von Frauen weniger ein lineares Erzählmuster aufweisen, sondern in der Betonung von Alltäglichkeit eine zyklische, kumulative Entwicklung reflektieren und das Prozesshafte betonen: „The perspective of a diary is immersion not distance".[5]

Ich schrieb das Tagebuch im Juli und August 1996 „im Feld", d.h. unterwegs in Namibia und vor allem in der unmittelbaren Forschungsregion von Nyae Nyae. Ich formulierte in der Regel in einfacher Sprache und wiederholte mich öfter. Das Tagebuch reflektiert nicht nur meine Eindrücke während der Forschungsreise sondern auch meine persönliche Umbruchsituationen wie Krankheiten in der Familie, Schicksalsschläge und Trauerfälle Mitte der 1990er-Jahre. Damit fließen z.B. auch meine Überlegungen, was nach dem Studium folgen könnte, privat und beruflich, die Suche nach Perspektiven für ein gemeinsames Leben mit meinem späteren Ehemann und Fragen der Familiengründung mit ein. Da das Tagebuch keinen wissenschaftlichen Ansprüchen genügen musste, soll es daran auch jetzt, als Buch, nicht gemessen werden. Somit habe mich im Hinblick auf die Veröffentlichung bewusst dafür entschieden, manche privaten Aspekte nicht zu transkribieren und manche Personen zu anonymisieren. Dennoch habe ich Gefühlsmomente von mir in die Transkription mit aufgenommen, die das Spannungsverhältnis zeigen, in dem sich damals meine Forschung und mein Schreiben bewegten. Natürlich mache ich mich damit angreifbar, aber es gehört zu einer Forschung, die nicht allein in einem Archiv stattfindet, dazu, sich mit ihren Subjekten (auch in stressbedingten Situationen) direkt auseinanderzusetzen. Ich hoffe, dass sich niemand durch meine persönliche Sicht gekränkt fühlt. In der Regel habe ich mich vor Ort in Namibia bemüht, meine Gedanken und Gefühle direkt auszudrücken. Ob das immer gelungen ist, vermag ich allein nicht zu beurteilen.

Mein Tagebuch ist auch ein Text, der den politisch-ethischen Zeitgeist der Ethnologie in den 1990er-Jahren und die zunehmenden Implikationen, die eine ethnologische Forschung für alle Beteiligten mit sich bringt, reflektiert. Anders als bei einem Tagebuch können wir in einer abgeschlossenen Ethnografie („Final Ethnography") nicht erkennen, wie sich die täglich verändernden Beziehungen und neuen Erfahrungen z.B. einer Ethnologin im Forschungsalltag auf die Formung und Gestaltung des Ganzen, z.B. eine Doktorarbeit, auswirken bzw. ausgewirkt haben. Der kontinuierliche Dialog in einer Forschungssituation arbeitet nicht nur zwischen Subjekten als Repräsentanten verschiedener Kulturen, sondern auch zwischen spezifischen Individuen. Um „Objektivität" in meinen Beobachtungen zuzulassen, nutzte ich das tägliche Reflektieren und Schreiben des Tagebuchs zum Ordnen und Strukturieren und auch als „Ventil" für meine unmittelbaren Gedanken in Namibia.

Als veröffentlichtes Tagebuch habe ich in diesem Buch Diskurse und wissenschaftliche Fragen, die sich nach 1996 zu meinen Forschungsthemen, z.B. autobiografisches Schreiben, Polyfone Ethnografie, Auto-Ethnografie, Reflexive Ethnologie, entwickelten, nicht berücksichtigt. Wer dazu mehr erfahren möchte, dem empfehle ich neben meiner 2004 veröffentlichten Dissertation vor allem die Arbeiten von Biesele & Hitchcock und Barbash.[6] Im dritten Teil meiner Doktorarbeit widme ich mich u.a. auch Gesprächen in Nyae Nyae,[7] die im Tagebuch erstmals niedergeschrieben worden waren. In diesem Teil werden auch Erinnerungen der Ju/'hoansi an die 1950er-Jahre und an die Marshall-Expeditionen, die ich durch Gespräche und Interviews aufgezeichnet habe, dargestellt.

Nach meiner Namibia-Reise und weiterhin im Kontext meiner Doktorarbeit verlagerte sich meine Forschung, indem ich nunmehr die Familie Marshall in den USA regelmäßig besuchte (bis 2002). Wie oben ausgeführt, galt mein wissenschaftliches Interesse insbesondere den Expeditionen dieser Forscherfamilie seit den 1950er-Jahren in die Nyae-Nyae-Region. In der Zeit meiner Besuche bei der Familie Marshall in den USA habe ich mich viel mit dem Wert von Erinnerungen beschäftigt und der Frage, inwieweit ich meinen Erinnerungen / Sinnen / Beobachtungen trauen kann und auch der Frage, wann, an was und wie ich mich erinnere. Wir selbst und unsere jeweilige Sichtweise entscheiden, woran wir uns erinnern und wie wir uns erinnern wollen. Auch im Interpretieren liegt eine Orientierung für die Zukunft.

Zu diesem Buch
Die Idee für den Buchtitel „Die Linie" kam mir beim Betrachten meiner Fotosammlung, die wie das vorliegende Tagebuch während meiner Forschungsreise nach Namibia im Jahr 1996 entstanden ist. Als ehemalige Jäger- und SammlerInnen liefen die Ju/'hoansi früher in einer Linie auf einem schmalen Pfad hintereinander, wenn sie ihren Aufenthaltsort änderten oder zur Jagd oder zum Sammeln gingen. In der Zeit meines Aufenthaltes in Nyae Nyae war ich auch häufig Teil einer solchen Linie, um mich mit ihnen zu bewegen. Diese Linie verweist – symbolisch betrachtet – auch auf die Verbundenheit zwischen den Familien, Alten und Jungen, Kranken und Gesunden und verbindet Orte und Plätze miteinander. Das Tempo der Gruppe passt sich an den/die Schwächsten an. Für mich hat die Linie darüber hinaus auch eine historische Komponente, in die ich meine Arbeit einbetten möchte: Verbundenheit mit ethnografischer Forschung von den 1950er-Jahren bis heute.

Für dieses Buch haben ich und der Verlag einige Fotografien ausgewählt und mit kurzen Bildlegenden versehen. Die komplette Bildersammlung sowie meine umfangreichen Forschungsmaterialien habe ich 2018 dem Archiv der Basler Afrika Bibliographien übergeben.

Danksagung
Das Buch „Die Linie" wurde während meiner zahlreichen Krankenhausaufenthalte im Frühjahr 2017 „geboren". Durch viele Gespräche und Besuche meiner Familie, Geschwister und Freundinnen und Freunde entstand ein Raum, um dieses Projekt zu denken, zu realisieren und nicht vor dem Berg

Sich in einer Linie bewegend: Männer auf der Jagd in der Nähe von /Aotcha.

an Arbeit, der normalerweise mit einem Buchprojekt verknüpft ist, zu erstarren. Viele Menschen haben sich in „die Linie" eingereiht, über Altersgrenzen und Kontinente oder über berufliche Hürden hinweg, und mich geistig und emotional unterstützt.

Die Liste der Namen wäre lang und ich möchte an dieser Stelle darauf verzichten. Ihnen allen sei herzlichst gedankt. Hervorheben möchte ich meine jüngste Schwester Nicole Immer, die mit ihrer Familie in New York lebt und mich mit ihrer stetigen Ermutigung und Ausdauer immer wieder davon überzeugte, das Projekt abzuschließen. „Die Linie" führt natürlich in meinen Gedanken auch zu den Ju/'hoansi in Namibia, denen ich begegnet bin, die jetzt jedoch nicht aktiv am Prozess meines Schreibens beteiligt werden konnten. Leider habe ich sie alle nach 1996 nicht mehr gesehen. Ich hoffe, dass dieser Faden vielleicht irgendwann von jemandem aus meiner Familie aufgenommen wird und die Buschleute dort erfahren, wie einschneidend und folgenreich die zwei Monate Juli und August 1996 in meinem Leben waren.

Im August 1997 kam meine Tochter Julia zur Welt. Beruflich habe ich 2004 die Universität verlassen und fast zehn Jahre in einer Hamburger Brennpunktschule im Hamburger Norden als Sozialpädagogin gearbeitet. Ich habe von den Ju/'hoansi viel gelernt, z.B. dass es neben der westlichen Medizin, mit der ich nach meiner Erkrankung intensiv konfrontiert wurde, Werte und Grundhaltungen gibt, die zwar nicht direkt heilen können, aber in Kombination mit Familie und einem Netzwerk tragfähig sind oder sich entwickeln können, die einem Zeit schenken können. Somit wünsche ich mir, weiterhin Teil einer Gesellschaft zu sein, die die Umsetzung von Menschenrechten, Demokratie und Frieden einfordert.

DIE JU/'HOANSI IN DER NYAE-NYAE-REGION

Die Ju/'hoansi in Namibia zählen zu jenen sogenannten Buschleuten oder San, die seit Jahrtausenden im südlichen Afrika leben. Ethnologen haben diese in kleinen Gemeinschaften lebenden Menschen im 20. Jahrhundert als sogenannte Jäger- und Sammlergesellschaften definiert und intensiv erforscht. Zu den bekanntesten Forschern zählt die amerikanische Ethnologin Lorna Marshall, die seit 1951 mit ihrer Familie die Ju/'hoansi über viele Jahre immer wieder besuchte und deren Forschungen im Mittelpunkt meiner eigenen Forschungsarbeit stand, als ich 1996 die Ju/'hoansi besuchte.[8] Zu diesem Zeitpunkt hatte sich die Gesellschaft in der Nyae-Nyae-Region stark verändert, nicht zuletzt durch den Kolonialismus und die rassistische Apartheidspolitik, die in Namibia bis zur Unabhängigkeit 1990 durch die südafrikanische Kolonialverwaltung praktiziert wurde.

Schätzungen über die Größe der Volksgruppe der Ju/'hoansi variieren stark. Richard Lee schätzte die Zahl der Ju/'hoansi, die Ende der 1970er-Jahre insgesamt in Namibia lebten, auf 4000 Personen, neben 2000 Ju/'hoansi in Botswana.[9]

Bereits 1978 lebten 60 Prozent der namibischen Ju/'hoansi in dem Ort Tsumkwe in der Nyae-Nyae-Region im nordöstlichen Namibia, wo sie nach Arbeit, landwirtschaftlichem Training und medizinischer Versorgung suchten. Es hatte sich ein „Wohlfahrtskolonialismus" entwickelt, in dem Menschen auf kleine Maismehlrationen angewiesen waren, keine Arbeitsmöglichkeiten fanden, Alkoholismus, Prostitution und Kriminalität sich ausbreiteten und viele Menschen hungerten. Angesichts des anhaltenden Befreiungskampfes im südafrikanisch besetzten Namibia durch die namibische Befreiungsorganisation SWAPO, begann die südafrikanische Armee mit der Rekrutierung von Buschleuten aus der Region von Tsumkwe, aus der Kavango-Region und dem Caprivi-Streifen, wie auch mit der Umsiedlung von Buschleuten in militärisch kontrollierte Gebiete.[10] Die Buschleute wurden vom südafrikanischen Militär als Fährtenleser und Minensucher, später auch zur Bekämpfung von SWAPO-Guerilleros an der Front eingesetzt. Der Soldatenberuf wurde für die Buschleute zu einer verhängnisvollen Verstrickung in die Kriegswirtschaft.[11] In Tsumkwe wurde ein Hauptquartier errichtet und circa 160 Männer im Alter von 20 bis 50 Jahren wurden für die südafrikanische Armee angeworben. 40 Prozent der männlichen Bevölkerung begannen, für die Armee zu arbeiten und verdienten dort relativ hohe Löhne.[12]

Anfang der 1980er-Jahre beschlossen einige Ju/'hoansi von Tsumkwe, zu ihren angestammten Wasserstellen zurückzugehen, um dort Land- und Viehwirtschaft zu betreiben. Ihre Nahrung sollte durch Sammeln und Jagen ergänzt werden. 1996 gab es bereits 36 Dörfer, die von einer gemischten Wirtschaftsform (Vieh, Gärten, Lohnarbeit, Sammeln und Jagen) lebten. Der private „Cattle Fund" der mit einer Spende von Laurence Marshall im Jahr 1980 eingerichtet wurde, sollte die Ju/'hoansi in ihrem Überlebenskampf unterstützen. Sie erhielten Werkzeuge, Draht und Rinder, Hilfe bei der Errichtung von Viehkraals und Ausrüstung für den Betrieb von Handpumpen. John Marshall und Claire Ritchie verwalteten zunächst den „Cattle Fund". Aus diesem entwickelte sich 1981/1982 die Ju/wasi Bushman Foundation (JBF) mit ihrem Sitz in Windhoek.

Im Jahre 1984 wurde der Regierungsbericht „Ondersoek na die Boesmanbevolkingsgroep in SWA"[13] (Untersuchung über die Buschmann-Bevölkerung in Südwestafrika) veröffentlicht. Der Bericht empfahl, die als Buschleute klassifizierten Menschen durch die Enteignung ihres letzten Stückes Gemeinschaftsland („Eastern Bushmanland") vollständig zu vertreiben.[14] Der lange geheim gehaltene Plan sah vor, das östliche Buschmannland zum Natur- und Wildreservat zu erklären. Das „Game Conservation Department" hatte die Umsiedlung der gesamten Bevölkerung vom östlichen in das westliche Buschmannland vorgeschlagen. Dieser Teil war unbewohnt, unfruchtbar und verfügte über nur wenige Wasserstellen. Die südafrikanische Verwaltung versprach sich davon ökonomische und militärische Vorteile. Gegen die Regierungspläne gab es eine starke nationale und internationale Opposition. Angesichts der Proteste legte der namibische Naturschutzminister der sogenannten Übergangsregierung, Andreas Shipanga, den Plan schliesslich 1986 zu den Akten. Dafür wurde die Region jedoch für die Trophäenjagd von Löwen und Elefanten geöffnet, die reiche Ausländer ins Land locken sollten. Und eine weitere Herausforderung stellte sich den Buschleuten: Grossviehzüchter wie die Herero strebten danach, mit ihren Herden ins Buschmannland zu expandieren. 1983 kamen 51 Herero mit 3200 Rindern illegal aus Botswana über die Grenze in die Nyae-Nyae-Region.[15] Diese Gruppe wurde zurückgeführt, jedoch gibt es bis heute Versuche der Rinderfarhmer, die Region für sich zu beanspruchen.

Im Jahr 1986 wurde die „Ju/wa Farmers Union" (JFU) gegründet, um die Selbstorganisation der Ju/'hoansi-Buschleute zu fördern. Die „Ju/wa Bushman Development Foundation of Namibia" von 1981/1982 ging formell in die 1986 gegründete „Nyae Nyae Development Foundation of Namibia" (NNDFN) über, deren Aufgabe es ist, sich für die Landrechte der Ju/'hoansi einzusetzen.

Bei Kriegsende 1989 waren mehr als ein Viertel der Buschleute Namibias (ca. 9000 von insgesamt 33000) vollständig von Gehältern und Dienstleistungen der südafrikanischen Armee abhängig. Die „UNTAG" (United Nations Transition Assistance Group) kam 1989 nach Namibia, um die Übergangsphase bis zur Unabhängigkeit des Landes vorzubereiten. Im gleichen Jahr wurde die Verfassungsgebende Versammlung gewählt, die eine Verfassung[16] entwarf. Die SWAPO gewann die Wahlen im November 1989 und Namibia wurde am 21 März 1990 endlich unabhängig. In den ersten Jahren der namibischen Unabhängigkeit beteiligten sich die Ju/'hoansi an der Konferenz zu einer Landreform (1991) und gründeten 1998 in der Nyae-Nyae-Region die erste Conservancy auf kommunalem Land. Der Führer Tsamkao = Oma wurde von der namibischen Regierung schliesslich als traditionelle Autorität anerkannt.

Mein Aufenthalt in der Region

Als ich Anfang Juli 1996 in die Nyae-Nyae-Region reiste, lebte ich vor allem in dem Ort **/Aotcha,** früher auch **Gautscha** genannt. Von Windhoek aus war ich mit KollegInnen zunächst nach Baraka und Tsumkwe gefahren, ehe ich in /Aotcha mein Zelt aufschlug und in den nächsten Wochen vor allem mit älteren Frauen und den Kindern viele Gespräche und Alltagserlebnisse hatte. Hierbei war der Übersetzer **=Oma (Toma) Leon Tsamkao** wichtig, der selbst aus /Aotcha stammt. Am Schluss dieses Buches bietet die Chronologie eine Übersicht über die Hauptereignisse meiner Wochen in Nyae Nyae. Hier stelle ich zu Beginn meines Tagebuchs kurz einige Personen und Familien vor, mit denen ich damals zu tun hatte.

Zu den Gesprächspartnerinnen in /Aotcha zählten vor allem !U Debe, N!aiGumtsa, Gunda Bo, !Ungka =Oma und Di//ao =Oma. Einige dieser Frauen waren bzw. sind angesichts ihrer Rollen als N!ore kxaosi einflussreich, aus folgenden Gründen: Die Ju/'hoansi haben lange und klar definierte genealogische Verbindungen zu Regionen und ihren Ressourcen, genannt N!oresi. Diese Ressourcen beziehungsweise die Rechte daran werden an sogenannte „Besitzer" oder „Besitzerinnen" (kxaosi) oder „stewards" vererbt.

Meine Unterkunft im Forschungsfeld.

Die *kxaosi* können für ein Kollektiv Entscheidungen treffen und sind mit „Macht" ausgestattet, um Konflikte zu lösen. Familiengruppen haben Zugang zu spezifischen *N!ore*-Ressourcen (Wildtieren, Gemüse und Früchte) und zu Wasserquellen. Dieses Konzept wird von allen Ju/'hoansi-Gruppen geteilt und respektiert,[17] und kann nicht mit „europäischen" Landtiteln verglichen werden.

Die beiden N!ore kxaosi von /Aotcha waren 1996 die Schwestern **!U Debe** und **Di!ai Debe.** Eine Tochter von **!U Debe** heißt !Ungka Norna, deren Ehemann, der 1986 seine erste Frau tötete, Qui heisst; ihre Kinder sind Koba, Toma und Kunta Gwi. Toma war, wie erwähnt, mein Übersetzer; sein Vater ist der traditionelle Leader Toma Tsamkao (NNDFN), der in meinem Text auch als Tsamkao „Bobo" (in Referenz zu Bob Marley) genannt wird. Eine weitere Tochter von !U Debe heißt Di//ao und ist verheiratet mit N!ani (Kinder: Gwi, Xama, Kushey). Diese „/Aotcha-Gruppe" von Toma und !U Debe arbeitete in den 1950er-Jahren intensiv mit der amerikanischen Familie Marshall zusammen.

Die Tochter von **Di!ai Debe** ist N!ai, die durch das Buch „Nisa. The Life and Words of a !Kung Woman"[18] einem weltweiten Publikum bekannt wurde. N!ai, die mit dem Heiler Gunda Book verheiratet ist, hat einen Sohn Gwi, der in /Aotcha lebte. Ihre Tochter H//wann/a ist verheiratet mit !Au. Von H//wann/as fünf Kindern hielten sich nur drei in /Aotcha auf: Di//ao, Gwi und Debe.

N!ai (N!ae Kommtsa) 1996 in /Aotcha.

ANMERKUNGEN ZUR ORTHOGRAFIE

Die Sprache der Ju/'hoansi gehört zu den Khoisan-Sprachen, deren auffälligstes Charakteristikum die sogenannten Klicklaute sind. Die vier standardisierten Klicksymbole werden in der Umschrift wie folgt markiert:

/ Zahn-Klick („dental click")
≠ Zahndamm-Klick („alveolar click")
! Gaumen-Klick („alveorpalatal click")
// Seiten-Klick („lateral click")[19]

Die Namen von Ju/'hoansi und Orten in der Nyae-Nyae-Region (Eastern Ojtozondjupa) folgen der standardisierten Orthografie von Patrick Dickens.[20] Sein „Ju/'hoan-English Dictionary"[21] wurde vom Ministry of Education and Culture der Republik Namibia als Grundlage für die offizielle Schreibweise der Ju/'hoan-Sprache anerkannt. Personennamen und Ortsbezeichnungen in Zitaten jedoch bleiben in ihrer ursprünglichen Schreibweise erhalten.

Nyae Nyae und Regionen, die von den Marshall-Expeditionen besucht wurden.[22] Die Schreibweisen für /Aotcha variieren. Auf der Karte heißt der Ort „Gautscha".

TAGEBUCH NAMIBIA 2. JULI 1996 BIS 31. AUGUST 1996

1. Juli 1996 (Montag) Abflug nach Windhoek 23.30 h in Frankfurt/Main-Flughafen

2. Juli 1996 (Dienstag) Ankunft in Marie's Bed and Breakfast, Windhoek

Im Flugzeug lernte ich J., eine Archäologin, aus London und G. B., eine Ethnologin, kennen und hatte Gesellschaft. G. hörte mein Gespräch mit J.und fragte mich, ob ich Robert Gordon kenne, denn er wäre im Flugzeug. Es war ein komisches Gefühl, jemand aus den USA auf dem Weg nach Namibia zu treffen. Ich sprach auch kurz mit ihm. Ich habe nicht genau verstanden, warum er nach Kapstadt fuhr. Er wolle dort im Archiv arbeiten. Aber an was genau? Er wechselte immer wieder das Thema, um nicht zu viel von sich zu erzählen. Er gab mir einen Artikel, der sich auf die öffentliche, kritische und schriftliche Auseinandersetzung von 18 Ethnologen mit John Marshall im Frühjahr 1996 bezog.[23] Auch hatte er ein Papier von Liz Garland (1994) dabei, die eine Magisterarbeit über das NNDFN (Nyae Nyae Development Foundation of Namibia) geschrieben hatte. Im Papier bezieht sie sich auf die Diskussion in der Entwicklungshilfe und beschreibt die Konflikte als Probleme der Machtverteilung. Sie betont, dass die /Aotcha Leute (die ich während meines Aufenthaltes in Namibia besuchen werde) zu den Bevorzugten gehören in Bezug auf den Zugang zu Ressourcen, Transport, Jobs und Einkommen. Interessant war die Beschreibung von Baraka als einem Camp der „Weißen" oder des „NNDFN-Staff und der Leute mit John Marshall's Farmer Cooperative" (NNFC = Nyae Nyae Farmers Cooperative). Abseits der Hütten wäre ein Bushman Camp, in dem völlig andere Lebensbedingungen vorlägen. Ich bin gespannt darauf, Baraka zu sehen. Von diesem Dorf hatte ich einen sehr einseitigen Eindruck durch John's Beschreibungen. G. begleitete mich im Flughafen, wir tauschten Geld und wurden von einer Frau angesprochen, die uns eine Mitfahrgelegenheit nach Windhoek vermittelte. Sie brachte mich direkt zu Marie (Bed and Breakfast). Marie ist eine sehr nette Frau, die ich gleich mochte. Zuerst zeigte sie mir ein schönes ruhiges Zimmer für 70 Rand. Als ich ihr sagte, dass ich auch ein Zimmer teilen würde, um Geld zu sparen. Wir gingen zur Kruppstr. 97. Dort habe ich jetzt ein Zimmer, das tagsüber laut ist, da es an einer Hauptstraße liegt. Ich teile die Wohnung mit einem Paar aus Schweden. Beide arbeiten als „instructor" für Lehrer und leiten ein „forestry project" im Caprivi Zipfel. Nachdem ich mein Zimmer bezogen hatte, ging ich in die Diazstraße zurück und telefonierte mit Polly (Wiessner). Henning Melber war den ganzen Nachmittag in einer Sitzung, aber später in seinem Büro und hinterließ mir eine Nachricht. Polly Wiessner sagte, sie käme um 16 Uhr in die Pension und wir könnten zusammen sprechen. Ich hatte noch einige Stunden Zeit und ging allein zu Fuß (sah keine anderen Fußgänger) (ca.25 Min.) in Richtung Stadtzentrum. Es war warm und die Luft hier ist sehr trocken und staubig. Ich lief die Independence Avenue entlang, sah viele Geschäfte mit deutscher Werbung und Speisekarten und hörte auf den Straßen viel Deutsch. Ein etwas befremdliches Gefühl. Ich dachte, ich könnte auch in Berlin, Paris oder New York sein. Überall auch eine Menge Leute, die wie Safari-Abenteurer aussahen. Es störte mich ein wenig, dauernd diese braungebrannten Leute in ihrer Safari-Kleidung zu sehen. Ich hatte ein sehr sicheres Gefühl dabei, die Straßen entlang zu gehen. In einer Bäckerei nahm ich eine Kleinigkeit zu mir. Ich spürte stark meine Müdigkeit. Als Polly kam, saßen wir im Patio und näherten uns ziemlich schnell an. Sie erzählte von John (Marshall): Er hätte gelitten, dass Lorna, seine Mutter, wenig Zeit gehabt hätte, als er klein war. Sie hätte viel Zeit mit „charity" verbracht und wäre immer unterwegs gewesen. Sein Vater hätte immer viel von ihm verlangt. John hätte das Gefühl gehabt, an zahlreichen Punkten „versagt" zu haben, Projekte wären nicht weiter gegangen. Er hätte viele Frustrationen erlebt, vor allem wohl auch, weil er immer mit hohen Anforderungen seiner Eltern konfrontiert gewesen wäre und teilweise das Gefühl hatte, daran zu scheitern. Sie öffnete mir eine andere Perspektive auf die Familie. Vielleicht betonte John deshalb immer Tom und Kirsty's stabilisierende Rolle in ihrem Bauernhaus in Peterborough Polly sagte, sie wäre einige Male in Vermont gewesen und hätte Robert Gordon und seine Frau besucht. Polly möchte sich aus den ganzen Streitigkeiten, in die NNDFN Leute involviert sind, heraushalten. Sie schätzt den Direktor der NNDFN Axel Thoma sehr und hielt eine Lobrede auf ihn. Sie schätzt auch die amerikanische Ethnologin Megan (Biesele) sehr und ich sollte unbedingt mit ihr sprechen, sie wäre eine wichtige Gesprächspartnerin für mich. Ich weiß dies auch und denke, in Zukunft möchte ich mich mit ihr treffen und das Gespräch suchen. Ebenso weiß ich, dass John es nicht möchte. Aber ich werde mich nicht abhalten lassen. Es hat mir oft „weh" getan zu hören, wie er respektlos in Watertown oder Boston über sie sprach. Vielleicht hat er auch Angst davor, dass ich sie persönlich kennen lerne. Megan war doch eine sehr enge Vertraute und Freundin von allen, vor allem seiner Mutter und Schwester. Polly sagte, dass John auch mit Megan einige Jahre gut zusammengearbeitet hätte. Nach einem gemeinsamen Spaziergang gab Polly mir einen Brief vom April 1991, den Lorna an Edwin Wilmsen (1991) geschrieben hatte. Dieser Brief bezieht sich auf seinen Artikel, der im Trickster-Buch veröffentlicht wurde.[24] Wilmsen vermittelt darin den Eindruck, er wäre ein „Freund" der Familie. Lorna schreibt vor allem über die Filme „The Hunters" und „Bitter Melons". Ihr ging es dabei um Passagen, die ich für sie bei einem der vorherigen Aufenthalte in den USA übersetzen sollte. Jetzt weiß ich, dass sie mit meiner Übersetzung seine Veröffentlichung gecheckt hat. Er ging auf ihre Kritik nicht ein, auch nicht auf ihre Weglassungen. Ihr Brief ist gut und interessant formuliert. Ich sollte Lorna fragen, ob ich eine Kopie davon erhalten kann. Das Gespräch mit Polly über meinen geplanten Aufenthalt war sehr aufschlussreich. Wenn ich daran denke, wie ich im Februar/März 1996 versuchte, genauere Infos von John zu bekommen und ihn fast „nötigte", mir Namen von Übersetzern zu nennen oder mir zu sagen, wo die Leute leben. Er war nicht besonders kooperativ. Auch bis zum letzten Abreisetag wartete ich auf seinen und Lorna's Brief, den sie mir beide versprachen, aber nichts kam. Ich bringe dies in Verbindung damit, dass ich mit Prof. Keyan Tomaselli reisen werde. John hat erst vor kurzem Keyan Tomaselli's Version (1991) für das Buch (John Marshall und seine Filme) gelesen und war sehr erbost darüber.[25] Er denkt, Keyan Tomaselli „lüge" und spreche abwertend über die Arbeit der Marshall's in den 1950er Jahren. Sein Misstrauen zeigte er bereits im Frühjahr 1996, aber er hat sich auch Keyan Tomaselli gegenüber ambivalent während meines Besuches in Boston im Frühjahr 1996 verhalten. Auch Rob (Gordon) warnte mich und sagte als Empfehlung für meinen Aufenthalt, „be smart and friendly and say nothing". Polly lud mich noch zum Abendessen ein; sie kochte Blumenkohl, Kartoffeln und Fisch. Ihre beiden Söhne und ihr Mann waren auch dabei. Polly regte sich darüber auf, dass die NNFC ihr keine lange Forschungsgenehmigung gäbe. Auch sie denkt, dass die NNFC permanent über ihre Arbeit Bescheid wissen wolle, auch indirekt, vielleicht Kontrolle über ihre Arbeit ausübe. In der Wohnung bei Marie waren neue Leute gekommen, ein Paar aus Schweden, mit dem ich mich auf dem Flur unterhielt. Wir teilten viele politische Einstellungen und diskutierten die Verschärfung der sozialen Situation in „unseren" Ländern. Abends las ich noch in James Joyce „Ulysses" und schlief erschöpft ein.

3. Juli 1996 (Mittwoch)
Gegen acht wurde ich wach, wusch mich und ging zum Frühstück. Am Tisch saß noch ein südafrikanisches Paar, sie entsprachen sehr dem Vorurteil, das man über „weiße Südafrikaner" haben kann. Ein Paar aus der BRD/Ruhrgebiet sprach mit ihnen, später nahmen sie mich mit in die Stadt. Ich war auf der deutschen Botschaft und hinterließ meine Adresse, alles ging sehr schnell und unkompliziert. Dann tauschte ich 900,- DM in Namibian Dollar($N), das doch nicht zu viel war. Polly meinte, ich solle nicht mit weniger als 3000 $N in den Norden fahren. In einem Cafe schrieb ich mehrere Postkarten und brachte sie gleich zur Post. Per Taxi fuhr ich in die Delius Straße, um Wendy Viall zu treffen. Von Polly hörte ich, dass zur Zeit einige Meetings stattfinden und dass Leute von der NNFC vom Management Board in Windhoek seien. Als ich die Tür öffnete, sah ich Tsamgao Bobo (Traditional leader, President) zuerst, den ich sofort erkannte. Auch die anderen jüngeren Buschleute waren mir von dem Filmmaterial bekannt. Wendy sagte, dass

wir auf das Ende des Meetings warten würden. Sie sprachen mit jemandem, der vermutlich wegen craftwork (Handwerk, Schmuck) da war. Gegen 12 Uhr setzten wir uns zusammen und sie baten mich zu erzählen, was ich machen wolle. Über die Arbeit der Gruppe (Tomaselli's Forschungsgruppe) konnte ich nicht viel erzählen, leider hatte ich Belinda Jeursen's und Gareth Morgan's Text nicht dabei. Auch weiß ich nicht genau, was sie erforschen wollen. Ich denke eher, dass meine Arbeit erst beginnt, wenn sie wieder abreisen. !U und andere /Aotcha Leute wären seit Dienstag wieder in /Aotcha. Die Wasserpumpe wurde repariert, nachdem Elefanten sie zerstört hatten. Nach allen Gesprächen sieht es eher so aus, als würde ich meine „Hauptbasis" in Baraka haben. Es hätte einfach mehr Vorteile für mich; ich hätte ein „festes" Haus, Wasser und Möglichkeiten mit Übersetzern zu arbeiten. Das größte Problem würde die Nahrung sein, da ich ab und zu nach /Tsumkwe oder nach Grootfontein müsste. Tsamgao Bobo sagte, dass die Leute in /Aotcha oft sammeln gingen und fragte, ob ich feste Schuhe dabei hätte. Meine blauen Halbschuhe wären ungeeignet für den Busch. Die anderen Gesprächsteilnehmer waren Gao Moses, Benjamin Xeice, Shebby Mate (die beiden letzten sprechen gut Englisch). Sie sagten, dass sie bereits auf einem Treffen über mein Kommen gesprochen hätten und jetzt froh sind, mich schon getroffen zu haben. Immer wieder wird von allen das Transport-Problem erwähnt. Wenn ich die Preise sehe, was das Mieten eines Autos kostet (4 Wochen ca. 3000 $N), dann bin ich froh darüber, über diese teure Möglichkeit nicht nachdenken zu müssen. Mein Budget ist sehr knapp bemessen und ich verfüge über keinerlei Fahrpraxis. Wendy Viall erwähnte auch ihre Enttäuschung darüber, dass öfter Leute in die Region kommen, aber nie Berichte schicken würden, über das, was sie veröffentlichen, oder das, was sie an andere Organisationen an Berichten weitergeben. Das Gespräch dauerte etwa eine Stunde. Die Leute sollten morgen wieder zurück reisen. Sie hatten ein Treffen nach dem anderen und wirkten schon ein wenig müde. Am Ende noch befragte ich Wendy über das aktuelle Verhältnis zwischen Stiftung (NNDFN) und Coop (NNFC). Sie sagte, dass alle am überlegen seien, die Stiftung zu verändern, so dass „sie sich selbst irgendwann abschaffen würde." Die Ju/'hoansi würden stärker ihre Interessen wahrnehmen und sie würden eher als Unterstützergruppe der NNFC arbeiten. Die Stiftung überlege, sich auch mehr für andere Buschleute Gruppen (in Nachbarländern, vgl. WIMSA) zu öffnen, nicht nur für Ju/hoansi. Im Moment lägen viele Aktivitäten beim Verkauf von Produkten und der Vermarktung. Im Büro war auch ein Australier anwesend, der Perlenketten, Straußeneierketten und Jagdbögen einpackte, um sie zu verkaufen. Ich bin gespannt, was die Leute in Nyae Nyae herstellen und wieviel Zeit sie dafür brauchen. In zahlreichen Geschäften in der Stadt werden viele „traditionelle" Kulturgegenstände verkauft, zu völlig überhöhten Preisen, wenn ich sehe, was in der NNDFN eine Halskette kostet. Mit Wendy fuhr ich in die Stadt zurück, schrieb weitere Postkarten und telefonierte mit Heike Becker (ich kenne Heike noch aus der Zeit, als sie im AStA der Universität Mainz die Apartheidpolitik Südafrikas und die wissenschaftliche Zusammenarbeit auf Universitätsebene kritisierte). Sie arbeitet jetzt in der Law Faculty der Universität von Windhoek (UNAM). Morgen vormittag werde ich sie in ihrem Institut treffen. Sie klang erstaunt, mich in Windhoek zu hören. Ich fuhr mit dem Taxi zurück und legte mich noch ein wenig schlafen. Die ganze Rumfahrerei machte mich mehr müde, als ich dachte. Vielleicht ist auch die Konzentration, alles wieder auf Englisch zu erledigen, erschöpfend. Das Zimmer ist tagsüber sehr laut, aber trotzdem schlief ich bis 16.30 h. Ich schrieb eine E-Mail, sprach mit Marie über ihre Arbeit in der Zeit bevor Namibia unabhängig wurde und begann mit dem Schreiben. Vielleicht schreibe ich doch lieber in Deutsch mein Tagebuch, es geht schneller. Zu einem späteren Zeitpunkt kann ich die Sprache möglicherweise noch ändern. Seit ich hier bin, habe ich so viel Deutsch gehört und gesprochen, dass der wirkliche Unterschied noch nicht so deutlich wird. Wenn ich daran denke, dass ich erst den zweiten Tag unterwegs bin, habe ich ein seltsames Gefühl. Hier ist alles relativ übersichtlich. Auch bei Marie ist vieles familiär; heute Abend gab sie mir ein Glas Wein. Jetzt schreibe ich in ihrem Wohnzimmer am Esstisch, während sie und andere fernsehen. Auch heute Abend bin ich wieder müde. Die letzten Wochen waren auf ihre Weise sehr anstrengend und ich war nicht in der richtigen „Stimmung", hierher zu fahren. Jetzt bin ich sehr froh darüber, dass hier alles so läuft, wie ich es mir wünsche: wieder auf andere zuzugehen, Fragen zu stellen, „im Feld" zu arbeiten, unterscheidet sich erheblich von meinem sonstigen Alltag. Ich genieße es, unterwegs zu sein und habe schon nette Leute getroffen, die ebenfalls „unterwegs" sind. Ich bin neugierig, was einige der Buschleute darüber denken, was ich mache. Aber vielleicht ist es doch auf lange Sicht hilfreich, mehr über ihre eigene Geschichte herauszufinden und über das Leben vor mehr als 40 Jahren; eine Lebenslänge, die viele noch überschauen können. In der Vorstellungsrunde sagte ich auch, dass mich das Leben der alten Leute interessiere und ich sah offene Gesichter, als ich dies sagte. Bis 20 Uhr war ich bei Marie und wollte gerade schlafen gehen, als John Marshall anrief. Er sagte, dass er ein langes Fax schicken würde, einen Brief für mich, einen Brief für zwei Ju/'hoansi und eine Antwort für Keyan Tomaselli. Auch schickte er ein Päckchen mit der Eilpost, das aber erst Montag/Dienstag hier ankommen wird. Darin solle das Statut der Conservancy und seine Meinung dazu stehen. Ich solle Marie darum bitten, es an die NNDFN zu schicken, die es wiederum jemandem nach Baraka mitgeben sollen. In der Kruppstraße unterhielt ich mich anschließend noch mit Chris, der für die nördliche Region zuständig ist und sog. „agroforestry" Projekte durchführt. Er erzählte von einem

deutschen Ehepaar, das in „West-Bushmanland" arbeitet und das ich unbedingt besuchen sollte.

4. Juli 1996 (Donnerstag) Windhoek, Besuch von Katutura

Heute bin ich früher aufgewacht, so gegen 8 Uhr, habe gut geschlafen, und
meine Kopfschmerzen von letzter Nacht waren weg. Bevor ich zu Marie ging,
unterhielt ich mich mit Gornell und Sven aus Schweden, die heute abreisen. Während des Frühstücks gab mir Marie das lange Fax von John und ich
begann es zu lesen. Wegen der vielen Unterbrechungen kam ich nicht so gut
vorwärts. Nach dem Frühstück telefonierte ich mit Doris Cowley, einer Frau,
mit der Kontakt aufzunehmen mir Rob Gordon empfohlen hatte. John hatte
wohl bis vor 3-4 Jahren regelmäßig bei ihr und ihrem Mann Abend gegges-
sen, wenn er in Windhoek gewesen war. Ihr Mann kannte ihn besser, aber er
war gerade in Ferien. Im August solle ich mich wieder melden und sie wollten gerne mit mir sprechen. Dann rief ich Alan Summonds an, der meinte,
ich solle ihn gegen 15 h zurückrufen, da er so viel zu tun habe. Leider vergaß ich es nachmittags, da ich unterwegs war. Gegen 10.30 h war ich auf dem
Gelände der Universität und besuchte Heike Becker in der Law Faculty. Sie
arbeitet in einem Gender-Projekt und hat eine 3-Jahres-Stelle, die Dienste in
Übersee (DÜ) finanziert. Sie sah gut aus und hat hier sehr viele Kontakte.
Sie kennt Axel Thoma und Megan Biesele persönlich und in Bezug auf Axel
bestätigte sie eher meinen Eindruck, den ich durch viele Erzählungen ande-
rer Personen gewonnen habe. Als wir über Patricia Hayes, Wolfram Hart-
mann, Werner Hillebrecht, Heike Behrend und Michael Bollig sprachen, hatte
ich den Eindruck von einer „kleinen Gesellschaft".[26] Die Leute an der Universität, empfand ich als ausgesprochen nett und hilfsbereit; alles ist über-
schaubar und klein, auch waren nicht so viele Studenten auf dem Campus zu
sehen. Da Heike mit ihrem neuen privaten Faxanschluss zu kämpfen hatte,
wurde unser Gespräch häufiger unterbrochen. Ich hatte das Gefühl, dass sie
schon etwas etablierter ist und eine interessante Arbeit ausübt. Öfter plant
sie kürzere Feldforschungsaufenthalte mit Studierenden, die dann Interviews machen müssen, evaluieren und reflektieren. Die Seminare sind recht
praxisorientiert. Wir erzählten länger über das Sonderforschungsprojekt der
Kölner Universität. Heike brachte mich ins Zentrum zurück, wo ich in einem
Cafe, das gegenüber der Post liegt, etwas zu Mittag aß, einige Postkarten
schrieb und sie dann zur Post brachte. Danach fragte ich bei Jackson, dem
Taxifahrer, ob er mich zum Township Katutura fahren könne. Wir verhandelten über den Preis und machten 50 $N aus. Er stammt selbst von dort bzw.
lebt seit 11 Jahren dort. Ursprünglich kommt er vom Ovamboland. Wir fuhren
ungefähr 75 Minuten. Ich gewann einen guten Eindruck von diesem Stadtteil,
der außerhalb des Zentrums liegt. Die meisten Straßen durch Katutura sind
gepflastert, anders als in Gaza/Israel. Von ganz armen Hütten und Zelten bis

hin zu kleinen Villen ist dort alles zu finden. Viele Leute waren am Straßenrand zu sehen, kochten am offenen Feuer, verkauften Lebensmittel, Küken, Hühner und Fleisch. Die Atmosphäre war nicht spannungsgeladen. Als wir am Soweto-Markt ausstiegen, war die Stimmung der Leute freundlich. Zu dieser Zeit sah ich keine anderen „Weißen", aber es schien kein Problem zu sein. Jackson zeigte mir Schulen, Kindergärten, medizinische Einrichtungen, Supermärkte, Musikhallen, Discos und die Struktur des Stadtteils. Bevor wir wieder fuhren, sah ich die bemalte Independence Mauer mit Sprüchen. Wir fuhren auch auf einen Friedhof, der „seltsam" aussah. Viele Gräber waren nur mit einem Stein und einer Nummer, ohne Blumen oder anderen Pflanzen geschmückt. Es war für mich sehr eindrucksvoll, nur 10 Minuten vom Stadtzentrum in eine andere Welt zu kommen. Die Extreme sind eklatant. Es gibt keinen öffentlichen Transport in die Stadt, aber mein Eindruck war, dass die Leute mit Einkommen viele Sachen kaufen können: Kleidung, Nahrung, etc. Nur Arbeitsmöglichkeiten sind eingeschränkt vorhanden.

Gegen 16.15 h waren wir an der Rankstation und ich kaufte einen Topf im OK. Gegen 17 Uhr war ich in der Kruppstraße und ging bald darauf zu Marie, um nach Post zu sehen und um eine E-mail an John Marshall zu schicken. Mit Bryan (Marie's Mann) und einem Installateur für Klimaanlagen saßen wir im Patio, tranken Bier und Bryan wollte wissen, was ich mache. Er findet mein Projekt sehr interessant, besonders da er sich auch mit „Stimmen" befasst („Polyphonie"). Er erzählte von einem interessanten Projekt aus dem letzten Jahrhundert der namibischen Geschichte, bei dem es um Theophilus Hahn und seine Mitarbeiterin, eine Hererofrau, ging. Eine Frau namens Brigitte Lau schrieb darüber ein Essay mit der These, dass Hahn seine Arbeit nie so schnell ohne Hilfe dieser Frau geschrieben hätte. Während ich in der Kruppstraße Abendessen aß, kam Chris zurück. Ich sprach mit ihm über das „Bow und Arrow" Gesetz von 1927 und darüber, dass es Buschleuten verboten war, mit Waffen und Hunden zu jagen und dass Leute dafür ins Gefängnis kommen konnten. Er erklärte mir das „conservancy-Konzept", von dem mir John erzählt hatte. Ich verstand es jetzt besser und ich ahne, welche Bedenken John dagegen vorbringt. Chris stellt es von einem „idealisierten" Standpunkt dar, und befürwortet voll, dass die Leute mehr Kontrolle über ihr Land, Ressourcen und auch die Tiere haben sollen. Es geht wohl auch darum, die Geldmenge, die die Regierung von Jagd- und Trophyhunting allein einstreicht, den Gemeinden zur Verfügung zu stellen. Die Gemeinden sollen Repräsentanten in einen Rat wählen, der mit der Regierung zusammenarbeitet. Die Regierung gibt Ratschläge, Empfehlungen, übt Kontrolle aus. John befürchtet eine Situation wie im November 1990, dass der Rat nicht mehr von den Gemeinden kontrolliert würde, dass Mitglieder des Rates gefeuert werden könnten; er befürchtet einen Kontrollverlust der Leute über ihr Land und ihre Ressourcen.

Ich vergaß zu erwähnen, dass ich dreimal versuchte zu Hause anzurufen, aber J. noch nicht oder nicht mehr da war. Ich schrieb an Frau H. (Sekretärin des Ethno-Instituts, Mainz) eine lange E-Mail und bat sie, für mich zu Hause anzurufen. Es ist schon wieder kurz vor 23 Uhr und ich lese noch ein wenig in Ulysses von James Joyce.

5. Juli 1996 (Freitag) (Windhoek)
Ankunft der Forschungsgruppe aus Südafrika mit Prof. Keyan Tomaselli

Das Frühstück verlief etwas hektisch, da ich heute früher aufstand als an den Tagen davor. Der ganze Frühstücksraum war voll mit Leuten. Danach versuchte ich Wendy und Alan Summonds anzurufen, erreichte aber niemanden. Im Patio las ich John's langen Brief an Megan Biesele, habe leider nicht alles verstanden und muss es mit dem Wörterbuch noch einmal detaillierter lesen. Ich glaube, John übertreibt seine Kritik an ihr, auch würde ich Keyan Tomaselli das nicht alles unterstellen. Beide haben einfach einen völlig anderen Zugang zur Wissenschaft. Ich hatte nicht so den richtigen Schwung heute Morgen, entschied mich dann, ins State Museum zu gehen. Das Museum war sehr enttäuschend, didaktisch schlecht gemacht. Für ein Nationalmuseum ein schlechtes Aushängeschild.

Mehrere Versuche, Wendy Viall anzurufen folgten, bis ich ihre Kollegin mit Kind in der Stadt zufällig traf. Sie sagte mir, dass ich Wendy nach 14 Uhr erreichen könnte. Waffeln mit Sahne zum Mittagessen in einem Cafe, wo ich schon häufiger saß. Ich schrieb noch einige Postkarten und entschied mich, in das Transnamib Museum zu gehen. Es besteht erst seit drei Jahren und ist ein interessantes Museum mit viel Liebe zum Detail und vielen Dokumenten auch aus der deutschen Kolonialgeschichte mit Hintergründen, warum und wo die Eisenbahn gebaut wurde. Ich traf dort einen seltsamen Deutschen aus Nürnberg, der gerade eine weitere Trophäe (Eland) im Etoshagebiet geschossen hatte. Ich habe jetzt eine bessere Vorstellung von "trophy hunting". Ich dachte, es beziehe sich nur auf „große" Tiere, aber es geht auch u.a. um Kudus, Warzenschweinen und Elandantilopen etc. Die Führung war interessant in der Hinsicht, eine völlig andere Darstellung der Geschichte Namibias zu hören, in der die „deutsche Kolonialzeit" gelobt und es eigentlich bedauert wurde, dass sie nicht fortbestand. Anschließend wurden wir dem Sammler des Museums, Walter Rusch, vorgestellt. Er hatte von den Marshalls schon gehört, aber eher im negativen Sinne: "die hätten sich in die Politik eingemischt und das hätte man damals nicht gern gesehen." Er hatte das Ehepaar Scherz gekannt und wäre oft mit ihm zusammen gewesen. Er empfahl mir, unbedingt zur Wissenschaftlichen Gesellschaft zu gehen (nahe dem State Museum) und mit Antje Otto Reimer zu sprechen. Als ich mit Jackson gegen 17 Uhr bei Marie ankam, waren Prof. Keyan Tomaselli, Belinda Jeursen und Gareth Morgan vom Centre of Cultural and Media

Studies/University of Natal, Südafrika schon da. Kaitiera Kandjii treffen wir morgen um 9 h früh. Sie wirkten müde und angespannt, sind seit Mittwoch unterwegs. Ich erzählte ihnen den Stand der Dinge und sie wollten erst noch einen Tag in Windhoek bleiben. Nach unserem Gespräch entschieden wir, morgen in Richtung Grootfontein zu fahren. Ich gab Keyan Tomaselli John's Brief, gab den Kommentar von John aus meinem Brief weiter, hielt mich aber sonst bedeckt. Ich will mich nicht zu falschen und schnellen Statements hinreißen lassen. Nach mehreren Versuchen, J. in Deutschland anzurufen, sprach ich mit J's Mutter H. Von J. hörte ich später, dass I. wieder schwanger

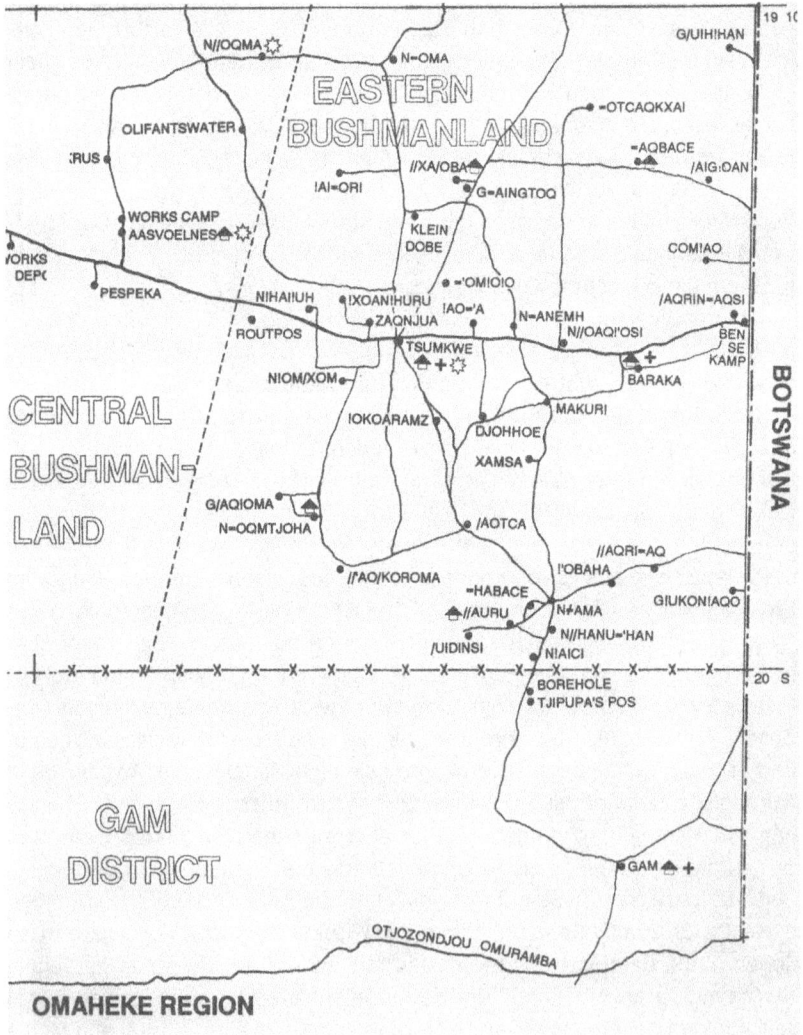

Die Region Eastern Otjozondjupa (Ausschnitt).[27]

sei und dass unser Freund E. eine Arbeit in Oberwesel gefunden hat. Gute Nachrichten. Mein Fax war an der Uni angekommen, aber es war ihnen zu lang zum vorlesen, sie schicken es J. mit der Post. Abendessen gingen wir mit Brian und Marie in Gerd's Clause. Es war nett, aber ich scheine manchmal „schwerhörig" zu sein, oder es fehlt vielleicht auch an der sprachlichen Kompetenz. Gareth Morgans Thema (MA) wird unsere Reise sein; so gibt es eine Forschung über die Forschung der 1950er Jahre, eine Forschung über 1996, Kaitiera ist interessiert an den Beziehungen der Herero und der Buschleute. Was Keyan Tomaselli für Interessen hat, muss ich noch herausfinden.

6. Juli 1996 (Samstag)
Wir fahren nach Norden über Okajandja und Otjiwarongo nach Grootfontein

Früh aufgestanden, gegen 7 Uhr geduscht, um 8 Uhr die anderen bei Marie beim Frühstück getroffen. E-Mail von J. bekommen. Gegen 8.30 Uhr verließen wir die Pension. Bei Marie ließ ich mein Flugticket und 300,- DM und einige Papiere zurück. Ich sah, dass das Auto Flüssigkeit verlor, irgendetwas war mit der Benzinleitung nicht in Ordnung. Wir beschlossen, zuerst Kaitiera Kandjii am Kalahari Sands Hotel abzuholen. Ich ging mit Belinda Jeursen und Gareth Morgan in den OK Supermarkt, um die Nahrungsmittel für uns einzukaufen. Von der Ferne schien alles besser organisiert zu sein, wie es sich dann vor Ort herausstellte. Wir fuhren gegen 10.30 Uhr zur Tankstelle und für eine Cola wurde der Benzinschlauch repariert. Gegen 11 Uhr verließen wir Windhoek. Die letzten Tage war es stark abgekühlt, aber die Luft war klar und ich hatte das Gefühl, mich in die Richtung zu bewegen, weshalb ich nach Namibia gekommen war. Ich war froh, nicht noch einen Tag länger in Windhoek bleiben zu müssen. Die Möglichkeiten dort etwas zu unternehmen, sind für mich eingeschränkt: Besuch eines Archivs, von Museen, Gesprächstermine. Die Planerei der ersten Tage in der fremden Stadt war auch etwas anstrengend. Aber ich hatte, wenn ich wollte, in der Pension und abends auch meine Ruhe. Die Straße verlief immer geradeaus. Wir hielten nach einer Stunde bei Holzschnitzern in Okahandja an, die in einem Camp wohnten. Einige von ihnen verkauften Produkte, andere bearbeiteten auch größere Teile Holz. Einige Touristen kauften Artikel. Gareth kaufte eine Mbira. Gareth, Belinda Jeursen und ich liefen zusammen herum, Ich fragte zwei Schnitzer, ob ich sie knipsen dürfte. Einer wollte 2 N$, wir gaben ihm einen. Ein komisches Gefühl, für das Fotografieren eines Menschen Geld zu bezahlen. Ich erklärte kurz, warum ich Fotos machen wolle. Beim Fahren wechselten sich Keyan Tomaselli, Gareth und Belinda Jeursen ab. In Otjiwarongo machten wir Mittagspause. Ein Ort, der hauptsächlich aus Tankstellen und Take-aways bestand und vielen Leuten, die einkaufen waren. Wir sahen einem betrunkenen kleinen Mann mit einer gelben Mütze zu, der in verschiedenen Sprachen etwas sagte und die Autoscheiben reinigte. Während kurzer Aufenthalte, sagte mir Belinda Jeursen, dass es ihre Hauptaufgabe wäre, zu organisieren Viele Dinge, wie z.B. dass die Gaskocher nicht funktionieren oder andere Details der Reise wurden nicht optimal organisiert. Sie beschwerte sich fast ein wenig darüber, dass Keyan Tomaselli sie so viel machen ließ. Sie und ihr Ehemann Gareth wollten lieber häufiger zelten, da sie finanziell sehr knapp bei Kasse sind. Bisher übernachteten sie aber nur in Bed & Breakfast Pensionen. Da beide Vegetarier sind, ernährten sie sich auch nicht so gut seit Mittwoch. Die Fahrt bis Grootfontein war ganz schön. Ich fragte Gareth Morgan ausführlicher, was er hier machen wolle. Er will über die Erfahrungen schreiben, die er mit uns macht und den Kontakt, den wir haben werden. Mit Kaitiera Kandjii habe ich mich im Auto schon etwas gestritten. Es ging darum, dass er meinte, von den „Marshall's" generell sprechen zu können und deren Einfluss darauf, dass die Buschleute heute vieles haben. Ich fand seine Stellungnahmen zu verallgemeinernd. Sein Thema ist interessant, über die aktuelle Situation der Herero und Buschleute zu arbeiten. Er hat ein Proposal geschrieben, ist aber mehr am Anfang seiner Arbeit. Ich weiß nicht, ob sie sich genauer darauf vorbereiteten, mit wem sie wo sprechen wollen. Von daher sind wir eine gute Ergänzung, da ich ihnen Kontakte herstelle, die sie nicht hatten. Keyan Tomaselli hat die „Arbeit" gut verteilt. Unterwegs sahen wir manchmal Leute, die die Eisenbahnschienen entlang liefen, ein Minendorf mit Hütten und Menschen. Mir fiel unterwegs immer ein Zitat aus Lorna's Tagebuch ein von ihren ersten Tagen in der Kalahari: „the vast and dry land". In der Mitte der Straße sahen wir Zäune für Wild oder Farmen rechts und links der Straße, manchmal Picknickplätze mit einer Bank, sonst nichts, noch nicht mal einen Getränkeautomat. Überall trockenes Land über weite Strecken, Büsche, riesige Ameisenhaufen, Bäume, die kaum Schatten spenden. Manchmal sahen wir auch Berge, die kaum bewachsen waren. Im Norden wuchs Mais und ich sah Heuhaufen. Die Reise war gut, manchmal etwas einschläfernd wegen des gleichmäßigen Rhythmus des Motors. In Grootfontein, das größer ist als ich erwartet hatte, suchten wir das Bed & Breakfast auf, das uns Marie empfohlen hatte. Es war uns zuerst zu teuer (80 u. 75 N$). Wir fuhren zum Campingplatz, über den ich aber wenig Gutes gelesen hatte. Der Pächter war nicht da und wir warteten eine lange Zeit; dann beschlossen wir zum B & B zurückzufahren. Gareth Morgan und Belinda Jeursen verhandelten noch einmal und wir konnten für 50 N$ bleiben. Wir packten aus, Gareth Morgan machte Feuer an der Feuerstelle und wir kochten Gemüse-Eintopf mit Bohnen, Tomaten und Karotten und Soja und tranken das hier kostbare Bier dazu. Während des Kochens besprachen wir den morgigen Tag. Später half ich Kaitiera Kandjii ein wenig beim Abwasch. Ich habe ein Zimmer für mich allein. Mein Bett steht aber direkt am Fernseher. Ich hoffe, dass die anderen beiden nicht so lange fernsehen wollen.

7. Juli 1996 (Sonntag)
Grootfontein: Besichtigung des Meteoriten

Die vergangene Nacht war ziemlich kalt. Ich holte meinen Schlafsack aus dem Rucksack und schlief dann gut. Gegen acht Uhr aufgestanden, noch einmal warm geduscht, im Bewusstsein, dass es vielleicht die letzte warme Dusche für Wochen sein würde, und bereitete das Frühstück vor. Wir frühstückten im Freien und es war trotz Sonne recht kühl. Wir besprachen, wie wir vorgehen wollten und was wir noch einkaufen müssten, fuhren zuerst durch die Stadt, fanden nur einen Etosha-Supermarkt, der aber fast alles hatte. Die anderen, außer Kaitiera Kandjii, kauften sich noch eine Decke. Ich bereue es fast, nicht auch eine Decke gekauft zu haben. Letzte Lebensmittel kaufen und tanken, ca. 180 Liter mit Ersatzkanister. Es dauerte länger, da Keyan Tomasellis Tankkarte nicht sofort akzeptiert wurde. Es gab eine heftige Diskussion und der Kompromiss war, zu warten, bis die Tankkarte nach 15 Minuten wieder gültig war. Wir verließen Grootfontein, um zuerst den Meteoriten zu sehen. Dies kostete wieder 5 N$, nur Belinda Jeursen und ich sahen und fotografierten ihn. Wir nahmen dann die Straße Richtung Rundu, bogen dann nach Tsumkwe ab. Insgesamt sind dies noch ungefähr 300 km. Die Straße war sehr gut, es gab sehr wenig Verkehr, selten Leute, die trampten. An einer Veterinärstelle passierten wir ein Gatter, das ein Mann im Anzug öffnete. Tsumkwe erreichten wir am Nachmittag, folgten zuerst einem Schild „Ministry of Water Affairs" (MAWF), sahen die kleine Klinik, die Kirche und hielten an einem Camp außerhalb, um nach Toma meinem/unserem zukünftigen Übersetzer zu fragen. Nach und nach fanden wir heraus, Kaitiera Kandjii, Keyan Tomaselli und ich, dass Toma wieder in Baraka war und sich nun auf dem Weg nach Tsumkwe in einem roten Auto befand. Als wir Tsumkwe verließen, sahen wir sie. Aber zuerst zu meinem ersten Eindruck von Tsumkwe. Es gibt befestigte Häuser, einige bilden eine Art Zentrum, ansonsten leben die Leute sehr verstreut. Einige Anwohner sagten, die Buschleute wären noch mehr außerhalb und wir sahen einige von ihnen in der Ferne. Viele kleine Häuser waren in einem schlechten Zustand. Eine Toilettenanlage auf dem Gelände war total kaputt, nicht benutzbar. Ein Ort, an dem ich mich nicht gerne allein aufhalten möchte. Wir trafen Gao Moses und Toma war auf dem Pick Up; wir stellten uns alle vor. Sie meinten, wir sollten zuerst nach Baraka fahren, sie würden später nachkommen. Baraka war durch ein kleines unscheinbares grünes Schild angezeigt von der Hauptstraße aus. Wir fuhren zum ersten Mal durch Sand. Von der Ferne sahen wir den „Wasserturm" und sprachen Leute am Rande an und fragten nach Tsamgao Bobo, dem Vater von Toma. Wir fanden ihn am Rande der Siedlung mit seiner Familie, einigen Frauen und Kindern, die husteten und sehr freundlich waren. Er schickte uns ins Zentrum zu Shebby (Mate). Shebby und seine Frau Joyce trafen wir und sie zeigten uns, wo wir am besten zelten konnten. Wir bezahlen 10N$/Tag und können die Küche und die Toiletten benutzen. Wir halfen uns gegenseitig beim Zeltaufbau und ließen dabei etwas Abstand voneinander. Kaitiera Kandjii und Gareth Morgan suchten Feuerholz und wir aßen zuerst einmal etwas. Seit dem Frühstück bis gegen 6.30 h hatten wir nichts gegessen und unsere Mägen waren alle ziemlich leer. Dann kochten Belinda Jeursen und ich Pasta, nachdem wir das Essen in ein Regal der Küche eingeräumt hatten. Wir besprachen den nächsten Tag. Keyan Tomaselli meinte, ich solle sagen, wie es weitergehen solle, was ich ablehnte. Ich bin nicht der Organisator der Gruppe und denke, alle, die etwas machen wollen, sollten mitwirken. Keyan Tomaselli und Kaitiera Kandjii spülten ab, wir saßen noch ein wenig am Feuer und gingen gegen 9 Uhr schlafen. Die Hunde bellten oft, es war sehr kalt, ich brauchte länger, um in meinem Schlafsack warm zu bekommen, obwohl ich angezogen war mit langer Unterhose, T-Shirt, Kopftuch und Handschuhen. Auch der Untergrund, nur Sand war sehr hart. Ich hörte alles, hatte keine Angst, es war einfach zu lange ungemütlich im Zelt. Gegen 6.30 Uhr bin ich erwacht von den ersten Geräuschen: Kinderstimmen. Es ist sehr windig und kühl.

8. Juli 1996 (Montag)
Baraka/erstes Treffen mit unserem Übersetzer =Oma Leon Tsamkao.
Erste Gespräche in Tsumkwe mit Tsamkao Kaece

Gegen 7 Uhr wurde ich wach und musste dringend zur Toilette. Die Sonne war noch nicht aufgegangen, aber es war schon hell. Viele Leute ringsum waren schon aufgewacht, aber ich hörte alles aus einer Distanz. Die anderen waren noch im Zelt und schrieben den gestrigen Tag auf. Gegen 9 Uhr begannen Kaitiera Kandjii und ich, das Frühstück vorzubereiten. Wir frühstückten beim Gästehaus, weil gegenüber der Küche ein Treffen stattfand und wir nicht stören wollten. Ich sah Toma und bat ihn, gegen 10 Uhr zu uns zu kommen, nach dem Frühstück. Nach dem Spülen sagte ich ihm, dass ich für seine Bezahlung verantwortlich sei und fragte ihn nach einer Summe. Er meinte, wir könnten es in den nächsten Tagen aushandeln. Peter Baker (Filmemacher aus den USA) gab ihm für eine Woche ca. 320 N$, was mir eine zu hohe Summe schien. Gegen 10 Uhr begannen wir, uns vor dem Gästehaus zu versammeln. Wir stellten uns zuerst gegenseitig ausführlich mit unserer jeweiligen Arbeit vor. Dann holte Belinda Jeursen viele Bilder von ihrem letzten Aufenthalt in Botswana (nahe Hukunti, 100 km davon entfernt). Die Fotos zeigten Interaktionen mit Buschleuten und Kindern. Portraits in besonderem Licht fotografiert, meist im Licht der Abend- oder Morgenstunden. Danach sahen wir Kalenderfotos der südafrikanischen Eisenbahngesellschaft (Spoornet 1992) von Buschleuten in traditioneller Weise. Belinda Jeursen stellte viele Fragen, Toma war mehr ausweichend, vorsichtig, so als wäre er gewohnt, nichts Falsches sagen zu wollen. Die Fragen irritierten ihn eher, zwischendurch schien er ermüdet. Es war auch nicht sein Problem, es war mehr die Gruppendynamik und die Entscheidungshemmung. Wir entschieden, dann nach /Aotcha zu fahren, nur mit den Kalendern und wollten versuchen mit den Buschleuten dort zu sprechen. Gegen 12 Uhr fuhren wir ohne Gareth Morgan nach Tsumkwe. Wir hielten an einem Laden an. Der Laden war eigentlich leer. Es gab nur Zucker, Kaffee, Tee, wenige Kinderkleidung, einige wenige Dosen mit Lebensmitteln, keinen Alkohol. Es erschreckte mich zuerst zu sehen, wie wenig Lebensmittel es zu kaufen gab z.B. kein Brot, kein frisches Gemüse oder Obst. Wir besuchten dann das Bushman Camp, wo auch Toma und seine Frau Maria wohnen und auch Gwi und Monica leben. Wir gingen in einen Innenhof, in dem ungefähr 15-20 Leute meist auf dem Boden saßen. Es war eine schwierige Situation, wir standen zuerst herum, die meisten Leute ignorierten uns, antworteten „hallo", als wir „hallo" sagten. Ich bat Toma, Leute zu fragen, ob sie mit uns sprechen wollen. Er schlug einen alten Mann mit einem „peace" Hut vor, den ich später zu einem späteren Zeitpunkt meines Aufenthaltes noch einmal interviewte. Toma saß in der Mitte auf einem Stuhl, dem sie ihm anboten. Belinda Jeursen und ich links und rechts von ihm. Keyan Tomaselli fotografierte Kinder mit selbstgebauten Drahtwagen. Kaitiera Kandjii und Keyan Tomaselli saßen an der Seite, an einem Zaun. Belinda Jeursen und ich führten bis fast zum Ende das Gespräch.[28]

Danach fuhren wir zu Nigel Berriman (MET). Er lud uns nach einem Gespräch auf der Straße in seine Wohnung auf eine Tasse Tee ein. Er ist ein „seltsamer" Mann, zwischen Mitte und Ende 40, machte den Eindruck von jemanden, der evtl. psychische/soziale Probleme hat. Er mag keine politisch engagierten Leute und machte negative Bemerkungen über John's Arbeit in Nyae Nyae. Er kritisierte die NNDFN und die NNFC, die für ihn dasselbe verkörpern. Meistens befragte ihn Keyan Tomaselli auf eine bestimmte Weise und dies ist mehr Keyan Tomasellis Stil, als zu fragen wie ein Journalist. Wir fuhren mit Toma zurück und Gareth kochte Abendessen: Kartoffeln, Bohnen und Karotten. Danach saßen bzw. standen wir lange am Feuer und machten Späße. Die Situation des Tages entspannte sich etwas. Ich war über Keyan Tomasellis Weise, die Leute im Camp von Tsumkwe zu knipsen, mehr als irritiert. Er näherte sich den Leuten manchmal wie ein „sensationsheischender" Photograph, "hält mit der Kamera darauf" und das Ganze hat für mich manchmal das Image, als würde er „jagen" nach interessanten Bildern, ohne Rücksicht auf den Willen der Leute. Er erinnert mich damit an Jakobs Weise, Fotos in Gaza/Israel und den besetzten Gebieten auf unserer Israelreise von 1994 zu machen; Hauptsache „aufrüttelnde Bilder". Beim Feuer sprachen wir über die Bedeutung jedes Namens von uns. Katiera war mal zum Reden aufgelegt und erzählte von der Zeit, bevor Namibia unabhängig wurde und dass er ein Marxist sei. Die Nacht war wieder sehr kalt. Ich zog mich noch wärmer an, schlief aber schlecht ein, weil meine Füße zu lange kalt blieben. Mit der Matratze (aus dem Gästehaus) im Zelt ist alles etwas gemütlicher geworden.

9. Juli 1996 (Dienstag)
Besuch der Tsumkwe Lodge, Gespräch mit Arno Oosthuizen, mit Kxao Kxami, Kapteins Pos oder Mangetti Pos und Ingrid Mijhof, Health Unlimited in Tsumkwe

Der Morgen begann hektisch. Wir wollten um 10 Uhr bei Arno (Oosthuizen) von der Tsumkwe Lodge sein. Niemand weckte mich und es war ziemlich spät, gegen 8.15 h, als ich aufstand. Mich anzuziehen und mich zu waschen, Dinge zu packen für den ganzen Tag kostete mich eine Menge Zeit. Heute ist Gareths Geburtstag. Das Frühstück bereitete Keyan Tomaselli, der auch die Sandwiches für den ganzen Tag schmierte. Es lag Spannung in der Luft; das Frühstück war ungemütlich. Belinda Jeursen und Gareth und ich fühlten uns gestresst durch die anderen. Als sie mich Toma suchen schickten, war ich verärgert (bei laufendem Motor). Wir fuhren zuerst zu Arno, von dem Gespräch habe ich ausführliche Notizen gemacht. Arno führte uns herum und zeigte uns einen der Bungalows genauer. Gerade wurde das Dach der Kantine und des Speiseraumes mit Stroh gedeckt. Er machte auf mich einen pragmatischen Eindruck und wirkte wie jemand, der hier ein profitables Geschäft aufziehen möchte. Seine Leute lässt er für sehr wenig Geld arbeiten. Und da er auch einen Laden und die Tankstelle in Tsumkwe unterhält, investiert er an wichtigen Stellen in Tsumkwe. Nigel war auch die meiste Zeit anwesend. Die meiste Zeit führte Keyan Tomaselli das Interview. Arnos kleine Tochter Gunai saß später neben mir und malte Bilder. Später sagte sie, sie hätte mich mit den langen Haaren gemalt. Ich trug die Haare morgens offen, da ich sie mir gewaschen hatte (mit kaltem Wasser). Für Arno arbeitet auch Di!kay Za, Bau's Mann (Krankenschwester), der sich nach Kaitiera Kandjiis Auskunft auch an die Marshalls erinnern kann. Arno sagte uns, dass er die Männer lehre, diese Häuser zu bauen und sie auch nach der Fertigstellung weiter beschäftigen will. Auch er äußerte sich kritisch über die Foundation (NNDFN), erwähnte einen Besuch bei Megan (Biesele) im März 1996, die aber danach nicht mehr gekommen sei. Er arbeitet mit Buschleuten und einigen Dörfern enger zusammen, er sagte: „I used to work" mit Capteins Pos Leuten, Tsokwe (5 Familien) und um Uama/(5 Familien). Er vermittelte den Eindruck, dass er eine kooperative Weise suche, sein Geschäft mit den „Interessen" von Buschleuten, Geld zu verdienen, zu verbinden. Zumindest versuchte er es so darzustellen. Er geht mit Leuten (Übersetzer) in die Dörfer, manchmal gehen sie mit den einheimischen Leuten auch sammeln, machen traditionelle Bögen oder gehen auf die Jagd. Er füllte Keyan Tomasellis Gasbehälter auf und verabschiedete sich von uns, als 2 Geländewagen mit Safaritouristen kamen, teilweise mit Filmkameras ausgestattet, sie trugen khakifarbene Hosen und Sonnenbrillen.

Als nächstes fuhren wir zu Capteins Pos, ein Dorf, in dem mehrere Familien zusammen leben. Wir sprachen fast die ganze Zeit mit dem alten blinden Kxao Kxami, der mit Di//Kxao Tsamkao zusammen lebt/verheiratet ist. Wir saßen im Halbkreis und die Kinder und Jüngeren setzten sich links von Toma; der alte Mann etwas separat und an den Rändern waren junge und ältere Frauen, die teilweise Perlenarbeiten oder Ketten aus Straußeneierschalen herstellten. Es war ein langes Gespräch, das mehr als ein Interview war. Irgendwann war es mir zuviel, dass Keyan Tomaselli soviel über die Marshalls fragte und ich wollte das Thema wechseln. Belinda Jeursen zeigte den Leuten den Kalender und sie hatten einen großen Spaß, Bilder zu sehen. Ein Mann mittleren Alters erzählte viel u.a., warum ihn diese (Kalenderbilder) beschämen würden. Ich sagte Kxao Kxami, dass ich Lorna's Freundin sei und fragte ihn, ob ich ihr etwas sagen solle. Er bat mich, sie zu grüßen und ihr zu sagen, dass er schon sehr alt sei. Später sprach er mich noch einmal an und bat mich, sie nach einem Feuerzeug zu fragen, dass sie in den 1950er Jahren benutzt hatten. Wenn er von Lorna sprach, schien es, als würde er lächeln. Als Kaitiera Kandjii seine Fragen zu den Hereros stellte, stand ich auf und ging ein wenig umher, weil mir die Füße eingeschlafen waren. Ich sah einer alten Frau zu, die Perlenketten machte, war aber zu scheu, sie zu fotografieren. Es war, als ob sie mit mir kommunizieren wolle. Ich fragte, ob die Leute gerne mehr Bilder sehen wollten und sie stimmten zu. Ich packte meine aus den USA mitgebrachten Fotos aus und verteilte sie in alle Richtungen. Sie behandelten sie wie Kostbarkeiten, standen zusammen und identifizierten Leute, machten sich über Frisuren von Frauen lustig; es war eine sehr schöne Atmosphäre. Ich gab einem Mann der Gruppe, auf Tomas' Rat, die Geschenke für /Aotcha: Tabak, Zucker, Kaffee. Sie freuten sich und winkten als wir wegfuhren. In Tsumkwe gingen wir in den Laden und ich kaufte neue Sachen für die /Aotcha-Leute. Toma fragte mich nach einem Vorschuss und wollte die Nacht in Tsumkwe bleiben. Nachdem wir bei dem Missionar nachgeschaut hatten, ob er da war, fuhren wir zur Klinik, wo nur Regierungsleute saßen, die sehr reserviert wirkten. Als ich sie nach Bau und Ingrid fragte, zeigten sie uns Ingrids Haus. Die Klinik selbst wollten sie uns nicht zeigen. Sie waren abweisend; wir hörten später, dass sie Tage zuvor Journalisten zu Besuch hatten, die falsche Zitate an die Zeitung weitergaben. So ließ sich ihre abweisende Haltung besser erklären. Wir gingen zu Ingrid Mijlof, einer Niederländerin, die für HU arbeitet, und hatten ein schönes langes Gespräch. Sie kochte uns Tee und erzählte von ihrer Arbeit. Auch erwähnte sie, dass es die letzten Tage [am Morgen] um die -7 Grad Celsius war, deshalb dauerte es für mich immer so lange, warm zu werden. Auch sie sagte, dass zwar öfter Leute kommen und Fragen stellten, aber fast nie etwas zurückgeben würde an die Menschen vor Ort. Ich hatte einen sehr guten Eindruck von ihr; sie mag es auch, dort zu leben. Auch sagte sie, ich könne meine Malariatabletten absetzen. Es würde keine Gefahr bestehen (einfach zu kalt). Gegen 18 Uhr konnte ich J. das erste Mal anrufen. Das Radiophone war etwas gewöhnungsbedürftig, wie ein Funktelefon, aber ich hörte J. und es war schön mit ihm zu sprechen. Ich hatte Probleme, Deutsch zu sprechen, was mich etwas wunderte; so extrem hatte ich es nicht in den Staaten. Ich sagte ihm, dass er sich keine Sorgen machen müsste, ich in Baraka wäre, die sanitären Einrichtungen vorhanden sind und es mit der Gruppe gut läuft und auch die ersten Gespräche gut waren. Er fragte, ob es bei uns schneit. Ich sagte, dass es nachts sehr kalt ist. Er sagte, es gäbe nichts Neues zu berichten und haderte ein wenig mit der Technik. Wir telefonierten 8 Minuten und ich war froh, dass er jetzt weiß, wo ich bin. Es war schon 18.30 Uhr und dunkel als wir noch 2 Buschleute nach Baraka mitnehmen. Die Gerüchte der letzten Tage über Elefanten, die nicht weit von hier sind, ließen Keyan Tomaselli etwas langsamer fahren. Morgens war er wie eine „gestochene Hornisse" losgefahren. Gareth erwähnte etwas zynisch, dass Keyan Tomaselli mit auf der Reise ist, um seinen neuen 4x4 auszuprobieren. Belinda Jeursen und ich kochten Erbsensuppe, nachdem wir uns beide gründlich gewaschen hatten. Kaitiera Kandjii saß mit Keyan Tomaselli im Vorzimmer der Küche. Keyan Tomaselli diktierte ihm, einschließlich Punkt und Komma, das Gespräch mit Ingrid. Kaitiera erledigte die Arbeit wie ein hilfswissenschaftlicher Assistent. Ein seltsames Arbeitsverhältnis, das in der Gruppe sichtbar wird. Nach der Erbsensuppe bei Kerzenlicht hatte Belinda Jeursen einen Kuchen vorbereitet. Joyce kam dazu und fragte uns zu unserem Tag und leistete uns Gesellschaft. Alle waren seltsam still, nicht nur ermüdet, mehr genervt. Belinda Jeursen und ich spülten noch und baten Keyan Tomaselli, das Frühstück am nächsten Tag zu machen und uns ggf. zu wecken. Kaitiera Kandjii ging früh schlafen, er war komisch den ganzen Tag, Während wir bei Ingrid waren, sprach er mit Gao, dem Schauspieler von „The Gods Must Be Crazy".[29] Er erwähnte nicht ein Wort darüber. Mit dem Tagebuch begann ich gegen 22.30, nach einem langen vollen Tag. Die Lager scheinen sich zu teilen, grob sieht es fast so aus: Belinda Jeursen, Gareth und ich – Keyan und Kaitiera Kandjii. Wir müssen über die Modalitäten sprechen, wie wir unsere Notizen in Zukunft benutzen. Belinda Jeursen und ich fürchten, dass Keyan Tomaselli schnell nach der Reise publizieren will und muss und unsere Mitschriften schnell braucht.[30] Er fragte auch viel über die Marshalls, was mir nicht ganz so recht war. Belinda Jeursen sagte auch, sie hätte ihn beobachtet, als er Fotos schoss von meinen (mitgebrachten) Fotos. Ich bin nicht ganz so misstrauisch, aber er ist auch nicht mein Professor. Es gibt immer Nähe- und Distanz-Probleme bei Forschungen. Die Gruppendynamik ist normal und hinzunehmen. Nach dem morgigen Tag will ich einen halben Tag mal meine Ruhe haben.

10. Juli 1996 (Mittwoch)
Tsumkwe: Gespräch mit Gao, Schauspieler von „Die Götter müssen verrückt sein" und Elefantenalarm in Baraka

Die letzte Nacht habe ich wieder wenig geschlafen, gegen 0.00 Uhr ging ich zu Bett, gegen 0.15 begannen alle Hunde in Baraka zu heulen. Jeder an einem anderen Platz, es klang schauerlich, sie heulten wie Wölfe, in einem langgezogenen Geheul. Bevor die Hunde begannen, hörte ich einen Ton wie von einem Elefanten, als würde ein Elefant trompeten. Es war mir mulmig im Zelt, obwohl ich wusste, dass mir nichts passieren würde, wenn ich nicht panisch würde. Die Hunde hörten nach einer Weile gemeinsam auf zu bellen. Die Nacht war wieder sehr kalt, ich strampelte mich warm. Ich schlafe hier sehr leicht, höre z.T. noch alles. Mitten in der Nacht ist es total still; gegen Morgen beginnen die Vögel zu singen, und von der Ferne höre ich Kinderstimmen. Ich mag die Geräusche der Leute, die in meiner Nachbarschaft wohnen. Ich habe heute aufgehört, meine Malaria Tabletten zu nehmen, nachdem Ingrid meinte, ich könne es wirklich lassen. Es ist einfach zu kalt für die Mücken. Ich bin gegen halb acht aufgestanden, wusch mich und ging ins Zelt zurück. Keyan Tomaselli weckte mich gegen acht Uhr, wie wir es vereinbart hatten. Er hatte auch das Frühstück vorbereitet, das wir einzeln auf der Bank vor der Küche zu uns nahmen. Gegen 9.45h verließen wir Baraka, suchten Toma zuerst in seiner Hütte, wo er nicht war, beim local government und fuhren zu Gao's Haus (Schauspieler), dem Star von „The Gods Must Be Crazy". Gao spricht Herero und so war Kaitiera heute unser Übersetzer. Er tat es sehr gut, manchmal habe ich noch Schwierigkeiten, seine Aussprache zu verstehen, aber ich bat dann um eine Unterbrechung, bis ich meine Notizen auf dem richtigen Stand hatte. Ich vergaß zu erwähnen, dass vor unserer Abfahrt Ingrid und Dabo (das Health TEAM) mit dem Auto ankamen und Belinda Jeursen ihren Kalender zeigte und ein Gespräch mit Gareth, Belinda Jeursen, Joyce, Dabo/Multiplikator für Gesundheitserziehung, Ingrid und mir über die Fotos begann. Die Arbeit mit dem Kalender entwickelt sich gut, Belinda Jeursen bekommt viele Interpretationen und heute Morgen machte es ihr Spaß. Sie ist oft sehr kritisch und unzufrieden mit ihrem Professor, fühlt sich bevormundet und möchte vielleicht ihren Supervisor ändern. Ich teile ihre Meinung über ihre Empfindlichkeiten. Keyan Tomaselli ist oft sehr „unsensibel", wenn er mit Leuten Kontakt hat. Das Gespräch mit Gao war auch anstrengend. Wenn mehrere Leute dauernd Fragen stellen, bekommt das ganze eine Dynamik, die einem kaum Zeit zum Nachdenken gibt. Ich habe mehr die Haltung, dass ich sowieso nicht alles erfassen und erfahren kann und bin deshalb etwas ruhiger. Gao war sehr offen. Er sprach auch über Geldangelegenheiten. Johns Zahlen über die Gagen stimmten exakt. Obwohl Gao regelmäßig Geld von Jamie Uys Agentur bekommt, lebt er in einem Haus mit kaputten Fenstern, das keinen wohlhabenden Eindruck machte.

Seine Frau starb vor kurzem an Tuberkulose.[31] Gao hat 5 Kinder, eines verlor er auch durch Tuberkulose. Er erzählte gerne und manchmal lieferte er auch darüber hinaus Interpretationen. Ich empfand ihn als jemanden, der ein Bewusstsein darüber hat, wie Medien wirken. Und er wurde nicht müde zu betonen, dass der Film „The Gods" wirklich nur eine „Komödie" war. Und dass er nicht dachte, dass Leute den Film ernst nehmen würden. Das Gespräch war 2.5 Std. lang; auf die Frage, ob er müde wäre, sagte er, nein, und gab uns Wünsche mit, was wir mit dem Material machen sollten. In der Zwischenzeit fand uns Toma und fuhr, nachdem Keyan Tomaselli ihm 10N$ gab, mit uns nach /Aotcha. Wir hielten auf dem Weg mehrmals an, um zwei wunderschöne alte Baobab-Bäume zu fotografieren. Die Fahrt dahin war sehr schön auf sandigem Boden; auf dem hinteren Teil des Autos musste man ständig den Kopf einziehen, um keine Zweige in das Gesicht zu bekommen. Das Gras schien golden, überall große Baobabs und Starling-Vögel mit blauen Federn. Als wir nach /Aotcha kamen, sah das Dorf zuerst größer aus; dann sahen wir die leeren Hütten, einen Viehkraal und eine größere Gruppe von Leuten zusammensitzen. Toma und ich gingen vor, ich erkannte sofort !U Debe, die älteste Frau des Camps, dann ihre Nichte N!ai. Toma stellte uns vor und erklärte kurz, warum wir gekommen sind. Dann stellte er mir zuerst !U und Ungka Norna, N!ai, Gunda, Gwi,, Bau und Dixkao und H//wann/a vor. Er sagte, dass normalerweise nur 4 Leute da leben, die anderen aber jetzt alle zu Besuch wären. Ich gab allen Erwachsenen die Hand. Es war eine sehr freundliche und herzliche Begrüßung. Ungka ging weg, um zwei Stühle zu holen. Sie gab Keyan und mir einen Stuhl. Toma holte sich einen Kanister. Ich begann zu erzählen, warum ich gekommen war, erzählte von meinem Studium, meinem Interesse an healing dances, Johns frühen Filmen, N!ai und die Veränderungen der Gesellschaft, mein Interesse, sie zu sehen und zu treffen, und stellte meine Frage, ob ich für eine Weile mit/bei ihnen leben kann/darf. Sie fragten sofort, wann ich kommen wolle und luden mich ein. Alle von uns stellten sich vor und es war eine gute Vorstellungsrunde. Keyan Tomaselli bedankte sich auch ausführlich für ihre Gastfreundschaft. Das Gespräch bzw. die Fragen begann meist Gareth Morgan. Belinda Jeursen und ich fragten nach der Wassersituation. Vor einigen Tagen kamen sie erst nach /Aotcha zurück. Und jetzt gab es wieder Wasser in /Aotcha. Wir sprachen über Löwen in der Nähe des Dorfes: gerade erst letzte Nacht versuchte wieder ein oder mehrere Löwe(n) in den Viehkraal einzudringen. Die Wasserpumpe wurde von Elefanten zerstört. Im Winter gibt es wenig Feldfrüchte und die /Aotcha Gruppe bekommt keine regelmäßigen Essenszuteilungen von der WHO, manchmal nur einmal im Jahr; und wenn der LKW oder das Vorratslager in Tsumkwe leer ist nichts mehr. Belinda Jeursen fragte mich, ob ich die Bilder auspacken wollte und zuerst packte ich die schwarz/weißen Fotos aus. Ich gab !U zuerst das von

DER (Documentary Educational Resources, Watertown) und sie drehte die Bilder nach allen Seiten, so als wäre sie es wenig gewohnt, Bilder anzuschauen. Manchmal schien sie traurig, zog sich zurück, vielleicht war es auf einmal zu viel Aktion für die alte Frau, was um sie herum passierte. Die Kinder hatten einen riesigen Spaß, waren überhaupt nicht scheu. Auch die Frauen machten auf mich einen offenen Eindruck, sprachen gerne und oft alle zur gleichen Zeit. Von der ganzen Situation machte ich keine Fotos. Keyan Tomaselli schoss dafür Fotos aus allen Entfernungen. Sie fragten, ob wir filmen wollten und ich sagte, dass John uns bat, für ihn in /Aotcha etwas zu filmen und eine Liste angefertigt hat. Ich holte den Brief heraus und las ihn vor. N!ai fragte Toma etwas und er bat mich, ihm den Brief zu geben und er las es selbst. Als ich am Anfang erzählen wollte, warum ich sie besuche, begann ich in Deutsch zu sprechen, und ich merkte es überhaupt nicht. Es war eine schöne erste Begegnung und ich hätte sie mir nicht besser gewünscht. Ich freue mich darauf, dahin zu kommen; sicher wird einiges eine ziemliche Umstellung bedeuten, aber ich glaube, es kann mit den Leuten sehr schön werden. Vor allem auf die Arbeit mit !U freue ich mich. Bevor wir gingen, machte mich Gareth noch auf einen Mann, der am Boden lag, aufmerksam. Er konnte nicht aufstehen. Er hat sich vor kurzem bei einem Buschfeuer nahe bei Tsumkwe schwer verbrannt. Er hätte nach Medikamenten bei der Klinik gefragt, was ihm aber verweigert wurde. Er interpretierte es als Strafe dafür, dass er das letzte Mal nicht bezahlt hätte. Wir versprachen, uns darum morgen in der Klinik zu kümmern. Ich gab im Namen von uns allen Kaffee, Tee und Zucker. Gunda bat uns, morgen Tabak mitzubringen. Wir nahmen einen anderen Weg zurück nach Baraka, über Gura, Tsokwe, Makuri, Baraka. Der ganze Weg war mit Elefantenknödeln gepflastert. An einer Stelle räumten Toma und ich einen gebrochenen Ast weg. Heute sah ich den ersten in freier Wildbahn lebenden Elefanten. Ein großer Elefant, alleine in einer Entfernung, und ich bat Kaitiera Kandjii ein Foto zu machen. Wir stiegen nicht aus, hielten nur an. Es war schön. Die /Aotcha Salzpfanne (*pan*) ist sehr schön, keine spektakuläre Landschaft, eher karg und spröde, vor allem im Abendlicht. Es wird bestimmt sehr schön, dort spazieren zu gehen und die alten Baobab-Bäume, die sich wie Kathedralen aus der flachen Landschaft erheben, zu sehen. Gegen 16.45 Uhr kamen wir in Baraka an. Keyan Tomaselli und Belinda Jeursen wollten abends Tänze sehen. Arno hatte uns informiert und gesagt, dass zwei von uns hingehen können. Ich trank mit Toma zusammen eine Tasse Tee; Kaitiera hatte Tee gekocht und wir aßen Brot. Wir saßen vor dem Gästehaus und sprachen über Amerika. Er sagte, es war für ihn „wonderful", das dritte Mal außerhalb des Landes zu sein (Botswana, Südafrika, USA). Wir sprachen über die Freundschaft der Familie von Ivo Strecker (meinem „Uniprofessor") und ich erzählte von der Begegnung mit Tschoke, einem Hamar aus Äthiopien, der mehrmals an die

Universität nach Mainz kam und dass ich diesen gemeinsamen kulturellen Austausch gut finde und dass Freunde sich besuchen sollten, um zu sehen, wie die anderen leben. Er geht nächste Woche mit mir noch mal nach /Aotcha. Früher, als sein Großvater Toma noch lebte, war er oft dort. Dieser lehrte ihn viele Dinge. Wir sprachen auch über die Grabstätte von Toma, die er mir zeigen will und ich erwähnte, dass ich Laurence Grab in Cambridge mit Lorna besucht habe. Belinda Jeursen, Keyan Tomaselli und Toma fahren gegen 17.15 h nach Tsumkwe. Ich hatte meine erste Dusche und empfand es gar nicht so schlimm wie erwartet, und wusch danach meine Wäsche. Es war ein sehr guter Tag und ich bin so froh, dass die Leute so nett waren, dass Toma mit mir arbeitet. Auch die Konflikte in unserer Gruppe verschwanden etwas durch die gute Stimmung. Nach den Aufzeichnungen begann ich in der Küche zu kochen, eingelegte Bohnen, Karotten, Kartoffeln, Tomaten und Zwiebeln, Knoblauch. Gegen acht kamen Belinda Jeursen und Keyan Tomaselli. Joyce war mit ihrem Kohleofen aus Zimbabwe in die Küche gekommen und leistete mir Gesellschaft. Zuvor zeigte sie den 3. Abend ein Video, oft aufgenommene Sendungen von Mnet (namib. Fernsehen). Sie haben hier in Baraka einen Generator, der von Yoyoma, einem japanisch/amerikanischen Cellisten des Boston Philharmonic Orchestra, der hier Konzerte gab und einen Film drehte, gestiftet wurde.[32] Jemand, der einen Film zeigt, bezahlt das Gasoline für den Generator. Wenn die Leute das Geräusch hören, können sie alle kommen und im Haus gegenüber der Küche Videos sehen. Ein sehr gutes System. Ich unterhielt mich mit Joyce und fragte sie nach ihrem und Shebby's Beruf, nach ihrer Arbeit und seit wann sie hier sind. Keyan Tomaselli und Belinda Jeursen kamen dazu. Gareth Morgan und Kaitiera waren bei den Ju/'hoansi. Kaitiera aß mit ihnen zu Abend, *mealie meal* und Kartoffeln, mit dem Kommentar, dass sie alles teilen, sogar die Kartoffeln. Das Kochen dauerte zwei Stunden, die Bohnen waren immer noch nicht durch, aber wir hatten alle Hunger. Sogar Kaitiera konnte noch etwas essen. Die Stimmung war gut, wir machten auch Späße. Ich machte auch Späße mit Keyan Tomaselli und sagte, er müsse ein „awful professor" sein. Belinda Jeursen und Keyan Tomaselli sagten, dass der Tanz nach südafrikanischer Zeit angesetzt war und sie deshalb zu spät gekommen waren. Sie hätten die Touristen noch gesehen, aber hätten nicht mit ihnen gesprochen. Wenn ich sie richtig verstanden habe, sprachen sie mit Arno. Es kann aber nicht so lange gewesen sein. Für nächste Woche muss ich einiges durchdenken, vor allem den Transport, die Nahrung und vielleicht weitere Decken organisieren. Was mich beruhigt ist auch, das /Aotcha Tsamkao Bobos Familienplatz ist, d.h. dass er sich als Person und als NNFC auch verantwortlich für diesen Ort und für mich fühlt.

11. Juli 1996 (Donnerstag)
/Aotcha, Gespräche mit !U Debe, N!ai Gumtsa, Gunda Boo, !Ungka=Oma, Di//ao =Oma
Besuch der Tsumkwe-Klinik

In der letzten Nacht gab es keinen Hundealarm. Die Nacht zuvor hatte sich wohl eine Hyäne in die Nähe des Camps getraut. Aber nach Joyce ist Bara-ka ein sicherer Ort. Wenn Löwen kommen, wird getrommelt und Lärm ge-macht. Letztes Jahr, als es sehr trocken war, kamen die Elefanten sogar bis zum Camp. Auch das Trinkwasser wäre angeblich das Beste vom ganzen Bushmanland. Ich trinke es auch schon die ganze Zeit aus der Leitung. Von /Aotcha hatte ich gehört, dass es eine gute Qualität hätte; nur die Behälter, in denen es transportiert wird, wären manchmal unhygienisch. Ich bin wie-der gegen acht aufgestanden. Kaitiera war schon auf der Bank vor der Küche und hatte heißes Wasser und Milch gekocht. Renate, ihr Baby !Nani, Steven, Henri (ihre Kinder) saßen auch auf der Bank. Kaitiera und Renate und ich sprachen über Kinder, besonders über brutale Filme, Fernsehkonsum von Kindern, über das Vorlesen, Barbiepuppen und über „naughty" („respektlo-ses" Verhalten). Er fragte mich, wie ich aufwuchs und er erzählte viel von seiner Kindheit, den Orten, die er vermisste, dass er Pferde und Esel ritt und über seine Sozialisation als Herero, dass er nur Verwandte (Cousinen) aus der Verwandtschaft heiraten darf. Bis Keyan Tomaselli kam, war es ein nettes, ruhiges Gespräch. Nach anfänglichen Akzeptanzproblemen scheint er meine Gesellschaft zu „schätzen" und sagte, es wäre gut, dass ich in der Gruppe wäre. Auch gestern schon kam er extra in die Küche, um zu sagen, dass die Ju/'hoansi, bei denen sie saßen, mich auch einladen würden. (Ich fühlte aber, dass es besser wäre, mit meinem Tagebuchschreiben nicht zu warten.) Keyan Tomaselli hat oft eine Art, Situationen schnell ungemütlich zu machen. Er sitzt dann in seinen Armee-Klamotten, Sonnenbrille und grü-nem Hut da, zittert am ganzen Körper und weiß nicht richtig, was er sagen soll. (Ich vermute, dass er vielleicht ein Nervenleiden hat oder völlig über-arbeitet ist). Ich habe auch manchmal Lust, hier zur Entspannung zu rau-chen, vielleicht, weil fast alle um uns herum rauchen, auch die Kinder. Der Vormittag bis 11.30h verlief dann etwas betriebsamer. Ich bat Jo, mir Diafil-me von Grootfontein mitzubringen, tauschte ihm Geld in größere Scheine um, schrieb schnell eine Postkarte für J. Wir fuhren nach Tsumkwe. Früh-stück getrennt, jeder für sich und zu seiner Zeit. Es hat sich als das brauch-barste Modell herauskristallisiert. Keyan Tomaselli schläft von Tag zu Tag länger, Gareth Morgan und Belinda Jeursen genießen es, für sich zu sein. Ich mache auch meine Dinge morgens: waschen, duschen, mit Kaitiera spre-chen. Gegen 12 Uhr erreichen wir Tsumkwe. Nur Keyan Tomaselli, Kaitiera und ich sind gefahren. Die anderen wollen im Camp mit Leuten sprechen. Zuerst ließ Keyan Tomaselli Kaitiera und mich an der Klinik heraus. Ich spreche mit Charity, der Krankenschwester. Sie macht auch auf den 2. Blick auf mich einen rüden, abweisenden Eindruck. Ich spreche mit ihr über den Mann mit den Verbrennungen vom Armgelenk bis zu den Schultern. Sie sagt, er würde lügen. Seine Geschichte stimme nicht. Er wäre vor einigen Tagen an der Klinik gewesen und hätte nach Hilfe gefragt. Als sie sagte, er solle auf der Bank auf den Doktor warten, wäre er wieder gegangen. Dabei wollte der Doktor am gleichen Tag wiederkommen und wäre schon unterwegs gewesen. Sie sagte, wir können ihn bringen, sie würde ihn dann versorgen. Auch betonte sie, dass jemand Armes kein Geld für Medikamente bezahlen muss. Später abends hörten wir, dass der Mann einen monatlichen Scheck von 800/900 N$ erhalten hätte, also über Geld verfügt. Ich ließ mich nicht auf eine Diskussion mit ihr ein. Mir ging es nur darum, welche Möglichkeiten es für den verletzten Mann gab. Dann kauften wir noch Kleinigkeiten im Shop und auch ein trockenes Brot für den ganzen Tag. Gegen 13 Uhr erreichten wir /Aotcha. Da wir beabsichtigten, erst später mit dem Filmen zu beginnen, fragten wir, ob wir zuerst sprechen könnten. Kaitiera und ich fragten hauptsächlich über die Begegnung der Ju/'hoansi mit den Herero. Die Fragen beantwortete meist !U. Ab und zu ergänzten die anderen Frauen und manchmal auch Gunda. Bevor sie eine Version sagen, stimmen sie sich meist ab, fragten herum, was die anderen denken und an was sie sich erinnern. Es war ein sehr schönes Gespräch, sehr konzentriert. Fast alle Leute machten ihre Dinge, Arbeit während des Gesprächs, Bearbeitung von Speeren, Pfeilspitzen mit „Gift" präparieren, Straußeneierschalenketten. Die Kinder sind oft bei dem Gespräch dabei, sitzen ruhig oder liegen auf Decken, hören interessiert zu. Manchmal stehen sie auf und spielen, im Baum oder mit anderen Dingen. Die Kinder sind wundervoll, sie beschäftigen sich meist mit sich selbst, spielen und krabbeln herum. Unser Gespräch war sehr lange, mehr als 2 Stunden. Wir entschieden uns, das Filmen zu lassen. Dann kamen Shebby Mate und andere Leute vorbei. Das Treffen mit USAID war zu Ende. Shebby sagte, dass sie fast alles Beantragte auch bewilligt bekommen hätten. Er machte einen zufriedenen Eindruck. Sie hatten Leute (wie viel Männer?) vom Treffen nach Hause gefahren. Das war der Grund, warum sie nach /Aotcha kamen. Wir baten Toma, uns die Orte zu zeigen, die John Marshall in seinem Brief an mich erwähnte, so dass wir wussten, wohin wir fahren müssen und wie weit alles auseinander liegt. Wir besichtigten zuerst das leere Dorf, das an das Camp anschließt. Alle Hütten sind leer, teilweise im traditionellen Stil gebaute Buschleute-Hütten, teilweise mit Lehm bestrichen. Toma sagte, dass die Leute das Dorf wieder aufbauen wollen, aber vor kurzem erst wieder zurückgekommen wären. Dann gingen wir zum Vieh-Kraal. Zur Zeit haben sie nur 2 Tiere. Ich weiß nicht, was mit den anderen Tieren ist und wo sie sich aufhalten. Vermutlich bewegten sie sich auf dem *pan* ohne Bewachung.[33] Bevor wir fuhren, fragte ich Kinder, ob ich sie fotografieren dürfte. Sie stimmten freudig zu und holten alle Kinder zusammen. Manche machten Faxen, lachten und hatten Spaß. Sie sahen mir zu, als ich den Film wechselte und dann hatte Kaitiera die Idee, uns alle zusammen zu knipsen. Ich stellte mich in Halbposition zusammen mit den Kindern. Als Kaitiera meinte, ich solle mehr Emotionen zeigen, meine Hände auf die Schultern der Kinder legen, sagte ich nein. Der Grund war, dass ich die Kinder noch nicht kenne, noch nicht ihre Namen, ihr Alter und dass ich mir gerne Zeit lassen will.[34]

Bevor wir abfuhren, hatte ich eine Streiterei mit Keyan Tomaselli. Toma hatte uns gebeten, bald zu fahren, da er für diesen Abend eine „Party" geben wollte. Keyan Tomaselli wollte aber nicht über Tsumkwe fahren und argumentierte mit den hohen Benzinkosten und dem Zeitaufwand. Wir hatten für 18/19 Uhr eine Einladung zum Abendessen bei Ingrid/Health Unlimited und anderen Leuten von Tsumkwe. Nachdem sich herausstellte, dass Keyan Tomaselli die Situation missverstanden hatte und Toma sagte, dass wir zuerst über Baraka fahren können, beruhigte er sich. Ich war sehr sauer geworden, da ich mich als Ansprechpartnerin für solche Angelegenheiten sehe. Toma hält sich dauernd für uns bereit, oft kommen wir zu unberechenbaren Zeiten zurück und ich denke, da ich auch das Gehalt bezahle, ist es meine Verantwortung, Absprachen zu klären. Wir fuhren also zum Camp zurück. Ich duschte mich schnell und wir fuhren mit Gareth Morgan und Belinda Jeursen und all den anderen zu Ingrid. Sie hatte einen Zettel an der Tür mit der Beschreibung eines anderen Hauses, das Haus der Peace Corps Leute, neben Nigel's Haus. Gegen 19.15h begrüßten uns P.A. (Amerikanerin) und Ingrid. Später kamen Tyler und Nigel dazu. Es war sehr nett. Auch dass wir nicht kochen mussten, war sehr schön. Es ist manchmal ein leidiges Thema, wer kocht. Kaitiera Kandjii sagt, er könne es nicht. Keyan Tomaselli chauffiert die ganze Zeit und so bleibt nur der Rest von uns. Ich unterhielt mich meist mit Ingrid, Tyler und Keyan Tomaselli. Ingrid machte einen genervten Eindruck, müde von all den Gerüchten in Tsumkwe, auch von der Arbeit. Sie freute sich auf das Wochenende in Grootfontein. Tyler, der Biologie studierte, unterrichtet in Tsumkwe Naturwissenschaften, Mathe und Physik. Ein netter junger Mann; er hatte viele Probleme im 1. Jahr und es geht jetzt besser. Die Schüler waren anfangs sehr laut und unkonzentriert gewesen. Auch sagte er, dass das Niveau nicht besonders gut wäre, aber jetzt hat er sich wohl eingelebt. Die Peace Corps Leute wohnen in einem großen Haus mit Küche, Gemeinschaftshaus, Duschen, WC, gehobener Standard für die hiesige Region, bekommen ca. 850 N\$/pro Monat. Ingrid kochte Bohnen und Kichererbsen, Mais und P.A. Reis mit Gemüse. Zum Nachtisch gab es Kuchen und Nigel hatte Obstsalat mitgebracht. Gegen 22 Uhr verabschiedeten wir uns, ließen sie mit dem Geschirr zurück. Ein langer Tag. Ich war wieder sehr müde. Aber trotzdem schlief ich nicht besonders gut. Seit gestern habe ich meine Periode und muss jetzt dauernd aufpassen, dass ich meine Tampons wechsle, die Hände dauernd wasche etc. Aber Baraka macht es mir auch leichter. Ich kann mich waschen und es ist für die hiesigen Bedingungen ein Luxus.

12. Juli 1996 (Freitag)
Gespräche in Klein Dobe mit Gwi Gxao, Gxao Ti!kay, Nai!kao Boo und N!ani John
Gespräch mit Ce!gai in N=qmtjoa

Gegen 8 Uhr weckte mich Keyan Tomaselli. Ich war jedoch schon wach, genoss aber den warmen Schlafsack und das warme Zelt, frühes Frühstück und Jogging, um Jo Geld für Dia-Filme zu geben. Er wollte nach Grootfontein. Ich schrieb noch schnell eine Postkarte für J, musste mich total beeilen, weil auch unsere Gruppe schon auf mich im Auto wartete. Gegen 9.15h verließen wir Baraka, kamen nach Tsumkwe, hielten am Laden. Ich kaufte Dinge für /Aotcha (Tabak), für N=qmtjoa (Kaffee und Tabak) und für Di!kao Zucker. Mit der Gruppe war alles wieder unstrukturiert: in dem einen Laden gab es kein Brot, in dem anderen Brot und nichts anderes. Keyan Tomaselli gab 10 N$ für alle 6 Leute, es sollte für Essen den ganzen Nachmittag reichen. Belinda Jeursen und Gareth kauften 1 Brot, Bohnen und 1 Dose Wiener Würstchen. Keyan Tomaselli holte bei Nigel seinen Kühlschrank ab. Nigel wollte Löwen fangen und sie transferieren. Ich sprach ein wenig mit Nigel. Er ist doch netter, als ich zuerst dachte. Er sprach auch von „dignity", als er von den alten Leuten in den Dörfern sprach. Er ist sehr hilfsbereit und bot mir an, mich am Ende des Monats nach Grootfontein mitzunehmen, wahrscheinlich am 30. Juli. Nach langem Hin und Her fuhren wir nach Klein Dobe, 20 km von Tsumkwe. Keyan Tomaselli hatte Tage zuvor mit einem alten Mann namens Gwi Gao und John !Nani gesprochen, als sie den Tanz für die Touristen verpassten. Als wir an einem „Tanzplatz" anhielten, kamen vereinzelt Leute, um uns zu begrüßen. Eine alte Frau (wahrscheinlich Nai !KaoBoo, Gwi Ti!kays Frau) kam auf mich zu und streckte mir ihre Hände entgegen. Zuerst hatte ich das Gefühl, sie bat mich um Geld und reagierte etwas zurückhaltend. Ich weiß auch nicht, warum ich so dachte, vielleicht war ich voreingenommen, weil Leute des Dorfes mit Arno arbeiten und vielleicht auch manchmal um Geld fragen. Toma stellte uns kurz vor und wir setzten uns in den Schatten auf den Tanzplatz. Drei traditionelle Hütten waren dort errichtet worden, in der Hütte ein Feuerplatz und in einem weiteren Kreis waren noch die Rinnen eines Tanzkreises erkennbar. Zuerst schien es, dass die Leute wieder das Interesse verloren hätten, wieder in ihr Dorf gingen und wir standen verloren herum. Dann kamen Gwi Gao und Gao Ti!kay und setzten sich zu uns.[35] Keyan Tomaselli begann mit dem Gespräch. Wie meistens sind seine Fragen auf so einem Level, dass es schwierig ist, sie zu übersetzen und es ist auch den Antworten anzumerken, dass die Leute es nicht verstehen. Zuerst hatte ich ein unwohles Gefühl, Reserviertheit uns gegenüber, Unverständnis wegen der Fragen, immer wieder Insistieren auf das Tragen von Tierfellen und Tourismus. Toma intervenierte einmal und sagte, er könne das nicht weiter übersetzen, da es ihn in einen loyalen Konflikt mit seiner Familie in Baraka bringen würde. Alle von uns ließen dieses Mal das Fotografieren. Vielleicht ließ es Keyan Tomaselli, weil die Leute ihn sonst vielleicht nach Geld gefragt hätten. Belinda Jeursen sagte abends, dass Keyan sein Verhalten wegen meiner Anwesenheit kontrollieren würde. Ich insistiere wenig direkt auf Sachen, aber zeige durch mein eigenes Verhalten, dass ich einen anderen Stil bevorzuge. Ich frage die Leute immer vorher, ob ich sie fotografieren darf, mache dann zwar mehr Posenbilder, aber die Leute wissen dann von meiner Absicht. Das Gespräch wurde nach und nach lockerer, die Leute verstanden mehr und mehr, warum wir mit ihnen sprechen wollten. Die anfängliche Reserviertheit verschwand. Ich hatte besonders mit der alten Frau, die ein Baby mit weißer Wollmütze trug, oft „Blickkontakt". Sie setzte sich später neben mich und sah mir beim Schreiben zu. Sie machte zustimmende Gesten, dass ihr das gefällt, aber dass sie nicht schreiben kann. Die Leute sagten wieder, wie wichtig sie die Schule für ihre Kinder finden, und dass sie so arm sind. Belinda Jeursen machte wieder ihre Spoornet-Kalenderarbeit, stellte kurze Fragen zu den Bildern. Es lief gut. Die Leute waren sehr konzentriert, gaben präzise Antworten. Später kamen Frauen mit selbstgemachten, geschnitzten oder bemalten Spitzen aus Holz. Anfangs dachte ich, sie wollten uns fragen, ob wir etwas kaufen wollen, aber sie boten uns nichts an. Ich hatte das Gefühl, sie akzeptierten uns mehr und mehr. Der alte Mann kannte Lorna und die anderen Familienmitglieder. Er sprach sehr respektvoll von ihr. Er kam in Kontakt mit den Marshalls als er ein Junge war, nach der großen 1952 Epidemie. Die Leute erwähnten immer wieder, dass sie Kleider und Decken bekamen und wie sehr sie das schätzten. Die Marshalls hinterließen bei den Leuten einen sehr positiven Eindruck; vielleicht brachten dies viele Leute dann mit einem positiveren Bild von „Weißen" gegenüber „Schwarzen" (Hereros) zusammen. Am Ende gab Belinda Jeursen den Leuten noch Tabak, sie hatten die Tage davor darum gebeten, und wir verabschiedeten uns. In der Zwischenzeit war das Auto von Regierungsleuten (mit Krankenschwester Olga, ihrer Schwester Maria und der 4jährigen Tochter Anna) stecken geblieben und sie baten um Hilfe. Sie wollten nach Tsumkwe mitgenommen werden. So fuhren wir eng bepackt zurück, luden alle bei Nigels Haus ab, füllten unser Wasser auf und fuhren nach Namtshoa (28 km) weiter. Die Straße war sehr holprig und das Auto machte seltsame Sprünge. Keyan Tomaselli war nervös wegen des Autos. Wir machten Rast im Schatten eines Baumes, aßen Brot, Bohnen und Würstchen. Toma hatte ein „leftover" vom Abend zuvor. Die Stimmung war lasch, ohne Enthusiasmus, erschöpft, energielos. Ich war die Einzige, die sich zu Namtshoa etwas überlegt hatte. Ich hatte Fragen und versuchte mich an Details (von Filmausschnitten) zu erinnern. Die Fahrt zog sich unendlich. Die Landschaft war nicht besonders abwechslungsreich. Alle waren „schlaff". Als wir Namtshoa erreichten, kamen wir gerade zur Essenszeit. Die Bewohner aßen alle Maismehlbrei zur gleichen Zeit. Toma sprach mit dem jungen Dorflehrer Beesa, der auch Englisch unterrichtet. Ein netter Mann, ich begrüßte ihn als Ersten. Die anderen haben sich eine Weise angewöhnt in einem neuen Dorf anzukommen, wo jeder sich, solange es geht, am Auto herumdrückt. Kaitiera wollte sogar 10 Minuten vorher aussteigen und laufen. Die Gruppe wird in Einzelteilen erkennbar. Ich begann das Interview, Belinda Jeursen hakte später ein und unterstützte mich. Auch Gareth half positiv mit. Beesa übersetzte meistens. Toma war müde, half aber mit, sprang ein, wenn Beesa etwas nicht verstand. Wieder waren es Keyan Tomaselli's Fragen, die unverständlich waren. Er hat einfach oft das falsche Level, Fragen zu stellen. Nach dem Essen antwortete hauptsächlich die älteste Frau der Gruppe. Sie machte auf mich einen freundlichen Eindruck und ich bedauere es, selbst nicht Ju/hoan zu sprechen. Die Übersetzung war meist zu knapp und hinterließ mir einen Eindruck von „Abweisung". Die Leute schienen sehr reserviert. Nicht abweisend - mehr im Sinne, dass sie unsere Anwesenheit ignorierten. Nach und nach wurde auch klarer, warum. Sie werden oft von Leuten wie uns besucht. Ihr Alltag wird unterbrochen, sie sehen den Reichtum der Leute und ihre eigene Armut, die sich nicht verändert, obwohl Filmleute kommen. Die Gruppe sah nie eine Endversion des Filmes und ich bemühte mich ihnen zu sagen, wie der Film auf mich wirkte, als ich ihn in Amerika sah. Sie betonten oft, dass sie Lederkleidung trugen, um zu zeigen, dass sie arm sind. Und wenn sie einen eigenen Film machen könnten, auch Lederkleidung tragen wollen, als Zeichen ihrer Armut. Am Ende gab ich der alten Frau Kaffee und Tabak und fragte, ob ich einige Bilder machen könnte. Sie stimmten zu. Eine junge Frau mit roter Farbe in ihrem Gesicht war sehr freundlich und lachte mit uns. Ein junger Mann holte seine Gitarre mit Kapodaster und 5 Saiten und spielte sehr schön. Ich bat ihn auch darum, ihn zu knipsen. Er stimmte zu. Er sang uns ein Lied vor mit dem Inhalt „We are so poor". Mein Gefühl war sehr gemischt von der Gruppe wegzugehen. Ich war aber auch nicht überrascht, hatte dieses Verhalten bereits häufiger erwartet. Einige Gruppen/Dörfer scheinen „überstudiert" zu sein. Gerade in Namtshoa wohnen Leute von großer Schönheit, vor allem eine junge Frau, die sehr groß war mit einem sehr hübschen Baby. Vielleicht motiviert dieses Dorf den Mythos von romantischen Buschleuten, schöne stolze Frauen mit bunten Ketten und viel Schmuck etc. Es war schwer, überhaupt einen Zugang zu den Leuten zu finden. Ich merkte es selbst, als ich mich bemühte, die richtigen Worte zu finden. Auch fühlte ich mich von unserer Gruppe etwas im Stich gelassen. Oft bin ich von der Afrikaans/Englisch Übersetzerei genervt. Ich bin froh, wenn ich die nächste Woche nur noch mit dem Englisch zu „kämpfen" habe. Es ist für mich sehr anstrengend, ermüdend. Manchmal bin ich die einzige, die noch Notizen macht. Ich will mich auch nicht ausnutzen lassen und suche nach einem Weg, nicht all die Arbeit zu machen besonders für Kaitiera und Keyan Tomaselli. Mit Belinda Jeursen und Gareth ist das komplett anders. Wir nahmen drei Leute zurück mit nach Tsumkwe. Im Auto war es extrem eng. Kaitiera wollte auch hinten sitzen. So saß ich eingequetscht zwischen Toma und Kaitiera und musste mich manchmal breiter machen, weil ich das Gefühl habe, dass er mich einschränkt. Ich bekam Kopfschmerzen und die Rückreise im Dunkeln war anstrengend und schien kein Ende zu nehmen. Wir verabschiedeten Toma und die anderen. Belinda Jeursen übernahm das Kochen und ich war sehr froh, dass sie es machte. Ich fühlte mich zu erschöpft und müde, legte mich kurz in mein Zelt um zu ruhen. Aber Kaitiera und Keyan Tomaselli redeten am Feuer so laut ohne Pause „unwichtiges Zeug" von ihrer Universität. Auch der Ghettoblaster von Gao Moses war laut. Ich war einfach müde, hatte Kopfschmerzen. Ich teilte mit Belinda Jeursen und Gareth Morgan die Gesellschaft bis das Essen fertig war, genoss es die Beine im Küchenhaus hoch zu legen. Wir aßen zu Abend und hatten die „lei-dige Diskussion" ums Kinderkriegen. Belinda Jeursen, Gareth und ich hatten zuerst die gleiche Meinung, ich hielt mich lange zurück, Aber Kaitiera und Keyan Tomaselli denken darüber sehr ähnlich, konservativ; ich kann die Argumente nicht mehr hören. Vielleicht denken sie, ich wäre eine „Emanze", aber sie sind es gewohnt, die Arbeit einer Frau „auszubeuten". Ich ging früh schlafen, hatte warme Füße und schlief ein. Wachte nicht auf. Am nächsten Morgen hörte ich, dass 2 Elefanten nachts in unserem Camp waren, zwischen der Küche und Shebby's Haus. Sie trompeteten, wollten ans Wasser und die Hunde rasten. Ich hatte nichts gehört. Belinda Jeursen war auf, informierte die anderen.

13. Juli 1996 (Samstag)
/Aotcha: Filmen für John Marshall

Gut ausgeschlafen, aufgewacht. Nach dem Waschen ging ich in die Küche und machte für alle Frühstück. Kaitiera saß im Vorraum und schrieb ein Papier ab, das Nigel Keyan Tomaselli geliehen hat. Sie haben mir nichts von dem Paper gesagt, auch nicht gefragt, ob ich es sehen will. Ich habe dann in der Sonne mit Gareth Wäsche gewaschen und Otis Reddings „Sittin' On The Dock of the Bay" im Radio gehört, das mich ganz sentimental und trau-rig stimmte. Danach schrieb ich zwei Tage Tagebuch nach und machte mich für die Fahrt nach /Aotcha fertig. Ich füllte Wasser in alle Behälter und bat Kaitiera, Sandwiches für uns drei (Keyan Tomaselli, Kaitiera und mich) zu machen. Ich war ganz sicher, dass er sagte, er hätte sie gemacht. Gareth und Belinda Jeursen wollten hier bleiben. Mit Tomas Hilfe hatte Belinda Jeursen Kivit gefunden, der die Ausstellung „Miscast" in Cape Town sah.[36] Sie wollten ihn interviewen und über den Kalender reden. Eigentlich war ich nicht in der Stimmung, schon wieder 5 Stunden im Auto zu sitzen. Die letzten Tage hat sich Keyan Tomaselli's Auto richtig zum Taxi für die Region entwickelt. Mit bis zu 11 Leuten fuhren wir manchmal. Auf der Rückbank ist mir manchmal schon sehr eng geworden. Wir holten Toma am Laden ab, da ich morgens gehört hatte, dass Simon und Linda (aus Australien) nach Grootfontein fahren wollten und ich überlegte mir spontan mitzukommen. Ich sprach mit Toma die Einkaufsliste durch. Er bat mich als erstes um einen neuen Schlafsack, 5 Liter Rotwein in einem Kanister und Zigaretten. (Dem Wunsch nach Alkohol kam ich nicht gerne nach, dies ist für mich mit sehr zwiespältigen Gefühlen verbunden, ich fühlte mich „erpresst". Da er mit mir mitkommt und ich auch vollständig sprachlich und teilweise organisatorisch auf ihn angewiesen bin, möchte ich ihm auch einen Schlafsack kaufen. Wir haben immer noch keinen Preis ausgehandelt. Ich werde ihm 300 N$ pro Woche vorschlagen und sein Essen bezahlen, wenn er mit mir zusammen in /Aotcha ist und hoffe, dass er damit einverstanden ist. Ihm ging es nach dem letzten Tag wieder besser, er hatte wohl nur eine Stunde geschlafen. Es macht ihm Spaß, etwas Deutsch zu lernen und er fragt mich oft nach Ausdrücken. Die Fahrt nach /Aotcha schien lang. Im Dorf war es relativ leer, einige der Frauen, auch N!ai waren Brennholz sammeln. !U Debe saß auf dem Boden und machte eine lange Strausseneierkette. Einige Kleinkinder waren in der Mitte am Sprechen. Ich begrüßte !U wie jedes Mal mit der Hand und begrüßte die anderen in Ju/hoan. Keyan Tomaselli und ich wollten die Szenen für John mit der Videokamera aufnehmen. John hatte Regieanweisungen geschickt und wir wollten es mit Licht des Nachmittags filmen. Keyan Tomaselli und ich filmten das leere Dorf aus der Entfernung und den Viehkraal mit mehr als 20 Tieren. Dann organisierte Toma uns N!ani, der auch Englisch und Afrikaans spricht, um uns John's Orte zu zeigen. Wir fuhren zu Old Tomas Grabstein, zur Wasserpumpe, dem zerstörten Behälter, dem gefallenen Baobab Baum, Frikki's altem Haus, dem alten Camp. Dann wollte Keyan Tomaselli noch am /Aotcha *pan* Fotos machen. Die Sonne war am untergehen. Wir sahen drei große Elefanten, die sich langsam zwischen den Bäumen bewegten. Sie trauten sich nicht, zum Wasser zu gehen. Keyan Tomaselli war total begeistert von dem Sonnenuntergang. Machte dann noch Staub mit seinem Wagen und ein Foto seines Wagens mit Staub und roter Sonne. Zuvor hatte er auch mehrmals sein Auto fotografiert. Ob wohl Gareth's These stimmt, dass Keyan Tomaselli nur bei dem Trip dabei ist, um sein Auto zu testen? Kaitiera und Toma kamen uns entgegengelaufen. Ich fragte Kaitiera, ob ich ein Sandwich haben könnte Er sagte, er hätte keine gemacht. Ich wurde sauer, zuerst vermutete ich, er hätte sie selbst gegessen. Ich war so hungrig, seit dem Frühstück um 9 Uhr nichts mehr gegessen, und mit dem Wissen, dass es mindestens 19 Uhr wird bis wir in Baraka ankommen und dann noch ein Meeting haben. Ich halte ihn mehr und mehr für einen „Egoisten", der Informationen will, schlecht vorbereitet für die Reise war und selbst von seinen Sachen nichts abgibt. Irgendwie habe ich mich auf ihn „eingeschossen". Ich weiß nicht, ob das so richtig ist, aber er macht mich mit seiner ganzen Mackerart aggressiv. Alle anderen helfen so viel mit und engagieren sich auch, wenn sie müde sind. Der heutige Nachmittag war sozusagen John gewidmet. Ich selbst hatte nicht viel davon. Als wir Nigel in Tsumkwe sahen, fragte ich ihn, ob er Mittwoch nach /Aotcha fährt. Er sagte, er wolle es einrichten und Toma und mich mitnehmen. Jetzt brauche ich nur noch einen *lift* von Baraka nach Tsumkwe. Belinda Jeursen und Gareth hatten schon für uns gekocht, was ich nicht erwartet hatte. Vielleicht wäre es besser gewesen, nichts vorzufinden; so fühlen sich Keyan Tomaselli und Kaitiera wieder bestätigt in ihrer Vorhersage. Ich hatte eh keinen Hunger. Shebby und Joyce, Simon und Linda saßen auch im Küchenraum. Ich war schlecht gelaunt und hatte ein Wortgefecht mit Kaitiera, der alles abstritt und meinte, mir dies als Missverständnis zuschieben zu können. Ich beruhigte mich und nahm mich zusammen, auch wegen der anderen Gäste. Danach spülte ich das ganze Geschirr. Shebby wollte wissen, was wir alle machen. Er hatte alle meine Faxe gelesen und dachte, alle (unserer Gruppe) wollten den Spuren der Marshall's folgen. Ich stellte es richtig, um nicht diesen Eindruck zu hinterlassen. Nachdem alle das Küchenhaus verließen, sprach ich noch mit Gareth und artikulierte meine Wut. Es tat gut, noch jemand zu haben, der kurz zuhört. In meinem Zelt hielt ich es nicht lange aus, sondern ging ins Gästehaus, um dort zu schlafen. Ich war wahrscheinlich zu aufgewühlt, schlief schlecht, dachte, dass ich froh bin, wenn die anderen fahren, bis auf Belinda Jeursen und Gareth, die ich gerne noch länger in meiner Nähe hätte. Nachmittags waren wieder 2 Elefanten zum Camp gekommen und irgendwie war ich zu unruhig, um allein im Zelt zu schlafen.

14. Juli 1996 (Sonntag)
Fahrt nach Grootfontein, die südafrikanische Forschungsgruppe fährt nach Natal zurück

Es waren wirklich wieder 2 Elefanten im Camp und versuchten, zu dem Wasserturm zu kommen. Sie hatten nachts ganz in meiner Nähe gefressen. Ich hatte zwar nicht bemerkt, wie sich die Erde bewegte, aber ihre Nähe beunruhigte mich etwas. Ich dachte zuerst, dass meine Nerven etwas überreizt wären. Ich hatte wieder schlecht geschlafen, stand um 7 Uhr auf, um zur Toilette zu gehen. Nachts hatte ich mich nicht mehr getraut. Ich legte mich noch einmal ins Bett, wärmte mich auf und schrieb Tagebuch. In der Küche traf ich Keyan Tomaselli, der heute mit Kaitiera allein nach Gam fahren wollte. Nach dem Frühstück wollte ich mit Gareth das Zelt einpacken, um es mit nach Grootfontein zu nehmen. Kaitiera kam um sich von mir zu verabschieden, bat um Entschuldigung für die Missverständnisse und sagte, dass er es geschätzt hätte, mit mir zu arbeiten. Ich war nicht mehr böse oder sauer auf ihn. Sein Verhalten war oft nicht sozial. Er entschuldigte es oft mit seiner „afrikanischen Erziehung". Auch fragte er mich nicht noch einmal nach meinen Notizen. Ich sagte, er könne mir schreiben. Auch Keyan Tomaselli kam, verabschiedete sich und nahm mich kurz in den Arm, sagte, die Reise wäre ohne mich nicht so außergewöhnlich gewesen. Er hatte es auch gestern schon im Auto gesagt. Irgendwie dachte ich, dass ich ihn bestimmt wieder auf Konferenzen sehen werde.[37] Es ist mit ihm widersprüchlich. Ich hatte aber den Eindruck, dass er sein Verhalten im Laufe der Reise positiv veränderte. Belinda Jeursen sagte, dass er wohl 5-6 Jahre Urlaub nötig hätte, weil er so überarbeitet wäre. Als sie fuhren, gab ich Belinda Jeursen meine Notizen und Gareth half mir, mein Zelt einzupacken. Da ich es mir darin so gemütlich gemacht hatte, brauchte ich eine Weile, bis ich alles zusammen hatte. Danach interviewte mich Gareth bis 12.30 Uhr, mehr als 1,5 Stunden, und es half mir auch, die Reise bisher zu reflektieren. Es ist wieder ein Abschnitt, in dem ich viel gelernt habe von ihnen und über mich selbst. Belinda Jeursen sagte, dass sie merkt, wie wichtig mir *independence* ist, wie oft ich es erwähne und dass sie auch so darüber denkt. Ich hatte zu beiden (Belinda Jeursen und Gareth) wirklich ein freundschaftliches, gutes Gefühl, die ganze Zeit. Auch dass sie gestern abend wegen mir gekocht hätte, und sie bemerkte, dass ich fast nichts aß. Wahrscheinlich habe ich jetzt auch schon wieder abgenommen. Auch hatte ich leichten Durchfall, wahrscheinlich von den Anstrengungen der letzten Tage. Simon und Linda aus Australien (Kraftfahrzeugmeister und Schulkoordinatorin) holten mich ab, um nach Grootfontein zu fahren, wir nahmen noch Gao Josef mit, der dort eine Führerscheinprüfung ablegen sollte. Eine lange Fahrt, über 310 km, aber die Zeit verging schnell. In Tsumkwe sahen wir noch einige Leute an den *shebeens*[38] herumhängen. Auch Toma lag an einer und ich hörte Gerüchte, dass er sich in der Nacht zuvor mit jemanden gestritten (gekämpft) hätte. In Grootfontein übernahmen wir von Hugh (USAID) das *chalet* und ich ging an die Tankstelle, um mit J. zu telefonieren. ... [Auslassung aus dem Tagebuch]. Er fragte mich, wie es mir geht und ich erzählte ganz kurz, dass ich die nächsten Tage nach /Aotcha gehen will. Er wollte wissen, ob ich dort sicher wäre und ich sagte, dass ich bisher keine schlechten Erfahrungen gemacht hätte und dass ich mit den Kindern dort arbeiten möchte (Gymnastik, Malen, Karate). Dass die Leute dort noch so leben wie auf den Fotos vom Jagen und Sammeln und Geschenken und Essenszuteilungen und dass es dort überhaupt nichts zu kaufen gab. Er erzählte auch von der Ärztekammer, dass er sich jetzt bewerben wird und fragte mich, ob ich umziehen würde. Ich sagte ja, aber nicht mehr auf die „absolute Pampa", sondern gerne in die Nähe einer Universität oder nach Hamburg, aber nicht England oder das Ruhrgebiet. Irgendwie habe ich kein so positives Gefühl nach England zu gehen. Ich würde mich dort vielleicht isoliert fühlen. ... [Auslassung aus dem Tagebuch]. Nach dem Telefonieren fragte ich Gao Josef um eine Zigarette und rauchte auch noch zwei andere später. ... [Auslassung aus dem Tagebuch] Ich war froh zum *chalet* zurückzukehren, hörte den anderen zu, verschwand manchmal in meinen Gedanken, fühlte mich aber nicht allein. Wir grillten Würstchen und Fleisch und erzählten. Gegen 22.30 h gingen wir schlafen, weil wir morgen alle einen anstrengenden Tag vor uns haben.

15. Juli 1996 (Montag)
Grootfontein

Die letzte Nacht war wieder voll von Schlafunterbrechungen. Simon konnte wohl nicht schlafen, weckte Linda gegen 2 Uhr. Beide sprachen in ihren lauten Stimmen in ihrem Schlafraum. Ich dachte zuerst, dass es schon morgen wäre, fühlte mich aber zu gerädert und schaute auf die Uhr. Es war mir richtig warm im Schlafsack und angenehm und keine Elefanten in der Nähe. Gao Josef hatte alle Türen und Fenster verriegelt zum Schutz vor einem Überfall und ich dachte, er kennt die regionalen Besonderheiten von Grootfontein. Morgens standen wir früh auf, denn Simon hatte nachts noch sein Flugticket geordert. ... [Auslassung aus dem Tagebuch] Ich erhielt noch Faxnummern von Polly und dem NNDFN, um evtl. mit J. besser kommunizieren zu können. In den Morgenstunden erledigten wir alle sehr viele Einkäufe, regelten Formulare für Josef's Passantrag und Führerscheinprüfung. Simon wurde zur Straße gebracht, um nach Windhoek zurückzufahren. Ich ging in fast alle Läden, da ich für Toma einen Schlafsack kaufen wollte. Die Nacht zuvor hatte ich die anderen drei nach Gehältern gefragt, auch nach der Bezahlung für Übersetzer. Ein hohes Gehalt der NNFC bezieht Gao Moses, 1000 N$/Monat. Joseph bekommt 350 N$. Für Übersetzungsarbeit wird durchschnittlich 30N$/Tag bezahlt. Ich muss dringend mit Toma einen Etat ausmachen, was natürlich dazu kommt, dass er von Tsumkwe weggeht, aber ich muss auch einen Lohn finden, der den hiesigen Verhältnissen angepasst ist. So nach und nach wurden so viele Gerüchte besprochen, über Toma, z.B. dass er wohl der shopkeeper von Baraka war, aber in der Zeit, als er dort arbeitete, ca. 30.000 N$ „spurlos" verschwanden. Niemand wusste wohin, niemand konnte ihm etwas nachweisen, ob es Missmanagement war, oder einfach das Geld verschwand, es war unklar. Auch wurde erzählt, dass Maria schon seine zweite Frau ist und dass er wohl viel und regelmäßig trinkt. Aber das ist hier kein besonderes Charakteristikum, weil alle hier, bis auf wenige Ausnahmen des *staffs* der Foundation viel trinken und rauchen. Es hat einen richtig zerstörerischen Charakter. Oft trinken die Mütter auch viel Alkohol; man sieht sie trinken und gleichzeitig stillen sie ihr Kind. Es ist, als ob sie dem Kind direkt Alkohol gäben. Ich weiß nicht, ob Leute den Zusammenhang kennen zwischen Alkohol und seiner zerstörerischen Kraft auf das Gehirn. Es ist ein trauriger Anblick, die vielen *shebeens* zu sehen mit den Leuten, teilweise im Sand liegend. Meist würden daraus auch Kämpfe entstehen. Es gab das Gerücht, das im letzten Jahr 6 Menschen in Tsumkwe im Zusammenhang mit Alkoholexzessen starben. Als sie den Alkohol-Shop schlossen, trugen sie nicht dazu bei, den Alkoholgenuss zu reduzieren. Ganz im Gegenteil. Viele illegale *shebeens*, deren „Gift" niemand kontrolliert, entstanden. Zurück zu Grootfontein. Linda und ich erledigten viel zusammen und tranken in einer Bäckerei „Steinbach"-Kaffee und aßen 2 Berliner. Es war unheimlich anstrengend; das Herumfahren in der Hitze und zu wissen, dass wir noch eine lange Heimreise vor uns hatten. Wir kauften noch etwas für mich und fuhren gegen 14.30 Uhr zurück. Die Straße war fast leer, staubig und ab und zu sahen wir Starlings, Perlhühner und einen kleinen Steinbock. Wir schwiegen fast die ganze Zeit. Es war ein angenehmes Schweigen, vielleicht weil wir alle müde waren. Gegen 18.30 Uhr kamen wir in Baraka an. Alles war dunkel. Es war ein sehr seltsames Gefühl, als ich alles vom Auto abgeladen hatte, Linda wegfuhr und ich plötzlich allein war. Keine Zelte, keine Belinda Jeursen und Gareth, niemand im Küchenhaus. Zuerst setzte ich mich vor das Haus und aß zwei der Brötchen und trank Wasser. Dann begann ich mein Bett zu machen, aufzuräumen. Ich hatte eine Kerze gesucht und im Küchenhaus gefunden. Gareth hatte mir einen Brief geschrieben und sich für das Interview bedankt, weitere Fragen formuliert und mir alles Gute gewünscht und auch den Satz „Keep your hands off Toma" (?) dazu geschrieben. Ich hätte ihn gerne gefragt, warum er das geschrieben hat. Ich möchte mit Toma ein gutes Arbeitsverhältnis und werde ihm noch einmal klar beschreiben, wie das für mich aussieht. Ich war auch nicht gerade begeistert, als er sagte, er wolle in meinem Zelt schlafen, aber ich habe auch etwas Angst, in /Aotcha allein im Zelt zu schlafen. Ich habe keine Angst vor den Leuten, nur vor den Löwen. Ich denke, ich muss mich auch zuerst an die Situation gewöhnen, wo ich z.B. zum Pinkeln hingehen kann, ohne dass mich die Hunde aggressiv anknurren, wenn ich zu meinem Zelt zurückkomme oder wo ich mich waschen kann; alles elementare Dinge und ich bin einfach die erste Zeit auf ihn angewiesen. Auch dass nur Bau Englisch spricht, wird mich mehr von ihm für kurze Zeit abhängig machen. Aber ich denke, dass ich die Form, in der ich mir eine Zusammenarbeit wünsche, durchsetzen kann. Auch will ich hierher wiederkommen können, ohne ein „schlechtes Gewissen" zu haben. Hier scheint es, dass über alles und dauernd geredet wird. Die Gerüchteküche funktioniert und ich bin neugierig, was ich über mich selbst zu hören bekomme. Die Leute würden es sagen, wenn ich etwas falsch mache. Ich fühle mich wie Laura Bohannan, oder Powdermaker, als ihre „Träger" weggingen. Der erste Moment wirklich wieder allein. Ich dachte, ich müsste mich jetzt wieder zusammennehmen und beschloss trotz der Kühle der Nacht, eine kalte Dusche zu nehmen, da ich mich so verstaubt und schmutzig fühlte, dass ich dringend etwas für mich selbst tun muss. Dann rauchte ich noch vor dem Haus und ging gegen 20.30 Uhr schlafen. Ich habe gut geschlafen bis 7 Uhr. Ich war wirklich so erschöpft und fühlte, dass ich dringend etwas für mich selbst tun muss. Ich bin auch hier – nicht nur physisch – habe solange auf diese Reise und den Aufenthalt hin gelebt und gearbeitet. Ich habe J. gesagt, dass ich ihn vermisse und gern habe und ihn nicht verlassen will und mit ihm wieder umziehen werde. Es war das erste Mal, dass wir über konkrete Orte redeten. Dafür musste ich erst nach Namibia fahren.

16. Juli 1996 (Dienstag)
Baraka

Früh aufgestanden nach einer Nacht, in der ich gut und tief schlief. Ich wollte den Dienstag für mich alleine haben, um in der Bücherei von Baraka nach weiteren Informationen zu suchen. Nach dem Frühstück suchte ich einen Stapel von Magazinen, die meisten von Cultural Survival, aber auch Veröffentlichungen von dem internationalen Jahr, wo Saami, Buschleute und Aborigines sich trafen und einen Austausch hatten. Es war sehr ruhig im Camp; die meisten Männer waren morgens wieder zu einem Treffen gefahren. Joyce arbeitete mit dem Generator. Ich saß stundenlang auf der Bank vor dem Gästehaus und las. Es war wieder wie ein Übergang vom „aufreibenden" Gruppenleben zu einer anderen Form. Mehrmals hatte ich alle Sachen gecheckt, die ich mitnehmen wollte. Ich fühlte mich nicht so sicher, ob ich wirklich alles Wichtige eingepackt hatte. Mittags kochte ich eine Suppe und las weiter und machte Notizen. Es hatte schon fast etwas Meditatives an sich. Gegen Abend kam Linda von den Schulen zurück und fragte mich, ob ich mit ihr essen wollte, was ich gerne annahm. Mit Shebby checkte ich mein Geld, weil ich Linda 20 N$ geben wollte für das Abendessen in Grootfontein. Für die Unterkunft und Fahrt musste ich nichts bezahlen, da sie sowieso gefahren wären. Es war ein Tag mit wenig Kontakten, auch in Baraka fühle ich mich ein bisschen isoliert; im Gästehaus zu leben und das Kommen und Gehen von Leuten zu sehen, aber wenig zu wissen, was vor sich geht. Meist ist es ein Sprachproblem, dass manchmal die Kinder kommunizieren wollen, aber die Kommunikation bald abbricht. Deshalb wollte ich auch gerne nach /Aotcha gehen, um in einem Dorf zu leben und zu sehen, wie das tägliche Leben verläuft. Ich denke auch, dass das Leben von Baraka sich vom Leben in den anderen Dörfern unterscheidet. Die Lebensbedingungen sind mehr nach unserem Standard, obwohl es mich wundert, dass ein Teil der Einrichtungen so verkommen ist. Vielleicht hätte ich vor vielen Jahren den

Platz geändert, bloß wegen der hygienischen Bedingungen, aber es ist alles relativ. Ich bin die ganze Zeit auch froh gewesen, dass ich Wasser und eine Toilette hatte, und manchmal eine kalte Dusche. Abends ging ich mit der Restsuppe zu Linda. Sie hat fünf Hunde und Bettie zwickte mich manchmal in mein Bein. Wir hatten ein wenig Furcht vor den Löwen und hörten sehr aufmerksam auf jedes Geräusch. Wir unterhielten uns über ihre Zeit in Australien und dass sie so oft umgezogen sind. Ich erzählte ihr auch von meiner Arbeit, die ich sehr gerne mache, die mich aber oft zwingt, völlig allein zu arbeiten. Manchmal genieße ich dies. In Idar-Oberstein wäre ich oft gerne mehr eingebunden. Ich fühle mich von dem Ort und den Leuten getrennt und vermisse meine alte Universitätsstadt Mainz. Die Landschaft im Hunsrück gefällt mir sehr gut, aber ich habe mich dort nie heimisch gefühlt. Jetzt denke ich oft über einen weiteren Umzug nach, was mich und uns erwartet. Mit Linda war es sehr nett am Feuer zu sitzen, zu reden, es war fast ein wenig vertraut. Vielleicht weil wir beide an einem fremden Ort aufeinander getroffen sind. Linda fuhr mich mit dem Auto zum Gästehaus zurück und ich packte noch alle Dinge zusammen. Ich schieb J. noch eine Karte und schrieb ihm, dass ich traurig bin. Es tut mir weh, ihn so allein mit seinen Gedanken zu Hause zu lassen … [Auslassung aus dem Tagebuch] Es war fast ein Tag mit Tiefpunkten, ich war froh, Linda zu sehen. Ich hatte das Gefühl, dass meine Traurigkeit alles in sich aufsog. Ich möchte mich aber auch auf die Leute einlassen können und offen sein. Meist stelle ich aber die Fragen und sie fragen ganz selten, fast nie zurück. Ich würde manchmal gerne wissen, was sie über mich denken.

17. Juli 1996 (Mittwoch)
Fahrt mit Nigel Berriman (MET) nach /Aotcha, Gespräch mit !U Debe
Wieder unruhig geschlafen; ich dachte, ich hätte wieder Elefanten gehört. Vielleicht war ich nur aufgeregt, was der heutige Tag bringen würde. Gegen 7 Uhr bin ich aufgestanden, frühstückte und fuhr dann mit Shebby und Joyce und dem ganzen Gepäck nach Tsumkwe. Ich dachte, es ist unheimlich viel Gepäck: Kisten mit Essen, Spielsachen und Malfarben für die Kinder, Trinkwasserkanister, Schlafsack, Decken, ein halber Haushalt. Unterwegs nehmen wir noch mehrere Leute mit und sie brachten mich zu Nigel. Wir wollten checken, ob er auch wirklich fahren würde. Er war schon da, arbeitete an dem Wagen und wir luden das Gepäck um. Toma war schon mit Maria auf dem Weg und hatte nur eine kleine Tüte mit Essgeschirr bei sich. Er fragte nach seiner Tasche, die Leute mir geben sollten, aber niemand hatte mir sie gegeben. Nigel kochte noch Tee, frühstückte und ich unterhielt mich mit ihm in der Küche. Dann fuhren wir in Richtung /Aotcha. Unterwegs erklärte er mir viele Pflanzen und Büsche. Er war sehr fasziniert von der Landschaft und sagte, wie schön es hier im Sommer wäre. Wir hielten in Gura. Dann fuhren

wir nach /Aotcha. Ich begrüßte die Leute und sie sagten mir, wo wir das Zelt aufbauen konnten. Nigel half uns und ich brachte alle Lebensmittel ins Zelt. Wir fuhren zuerst mit allen Kindern zur Wasserstelle und pumpten Wasser. Eine aufwändige Sache und ich dachte dass der Wasserkanister zu groß wäre (denn ich kaufte einen 25 l Kanister). Ich kann ihn kaum tragen. Dann setzte ich mich mit Toma zusammen und wir besprachen seinen Lohn (35 N$/Tag) und er war damit einverstanden. Ich versuchte ihm meine finanzielle Situation zu erklären und wie wichtig es für mich ist, dass er eine gute Übersetzung macht; weil ich mich auf ihn beziehen will, ihn zitieren will. Wir besprachen, was wir nachmittags tun wollten. Wir begannen mit einem Interview mit !U. Sie erzählte oft eine Geschichte, unterbrach, dass ich alles aufschreiben konnte und wir sprachen über die 50er Jahre, den Beginn und endeten mit der Giraffenjagd (1952/53).[39] Ich bedauerte, dass ich keine Notizen von zuhause mit habe. Ich hoffe, dass mich mein Gedächtnis nicht verlässt. Am Ende gab ich ihr einen Schal, den ich in Grootfontein gekauft hatte Sie freute sich und brachte ihn sofort weg. Dann kam Gao Moses, Tsamkao und andere. Sie hatten eine tote Kuh im Auto, die sie geschlachtet hatten. Wir aßen etwas von den Frühstückssachen. Ich hatte den ganzen Tag noch nichts gegessen. Toma machte jetzt Feuer in der Nähe des Zeltes und wir wollten bald kochen. Es ist jetzt gegen 17.15 Uhr und beginnt, kalt und dunkel zu werden. Morgen möchte ich etwas mit den Kindern machen. Heute wollte ich mich zuerst etwas akklimatisieren und erste Fühlung aufnehmen. Toma holte Feuerglut von einem anderen Feuer und ein *tripod*, wo man einen Topf daraufstellen kann. !U kam und auch Koba und Dki!kao, zwei Mädchen. Sie machte einen Scherz und meinte, ob ich ihr Toma wegnehmen wolle. Sie sagte, wie gut sie es findet, dass ich gekommen bin. Wenn hier jemand vorbeikommt, sind es die Barakaleute oder Touristen. Ich machte auch Spaß und sagte, wenn nächstes Mal Touristen kämen, könne ich sie auch fotografieren. !U ist eine wirklich faszinierende Frau. Sie hat viel Ausstrahlung und durchschaut Dinge. Sie ist auch sehr selbstbewusst. Irgendwann verabschiedete sie sich. (Was ich vergessen hatte, dass ich vor dem Essen mit den Kindern Ball spielte, zuerst zuwerfen und dann Volleyball mit einem Stock als Netz. Ich lernte schon einige ihrer Namen und es hat viel Spaß gemacht. Als ich ihnen sagte, dass ich morgen wieder etwas mit ihnen machen will, sagten sie im Chor „yes".) Während des Kochens tranken wir heimlich ein Glas Wein. Wir kamen überein, dass wir es nicht öffentlich trinken wollten, um auch nicht die Leute neidisch zu machen. Wir unterhielten uns über das Filmemachen, Film-Konferenzen und Möglichkeiten, etwas zu lernen. Ich glaube, dass ich meine Worte manchmal mehr erklären muss, dass wir eine bessere Übersetzung der Sprache hinbekommen. Wir gingen relativ früh schlafen. Im Camp wurde es auch ruhiger. Alle Leute schlafen außerhalb an ihren Feuern. Es ist hier sehr windig und der Wind ist kalt.

18. Juli 1996 (Donnerstag)
/Aotcha: Großes Delegiertenmeeting

Der Wind blies früh morgens sehr stark und ich musste mich nach dem Aufstehen warm anziehen. Zähneputzen und Katzenwäsche. Da ich keinen Waschbehälter mit habe, improvisierte ich noch. Morgens kamen mehrere Autos, die über 50 Leute mitbrachten für das Meeting des Western-Distrikts, zu dem auch /Aotcha zählt. Ich fragte, ob ich auch daran teilnehmen könnte und hoffte, dass öfter etwas übersetzt wird, zumal ich wusste, dass weder Hugh, Linda oder Shebby der Sprache mächtig sind. Gao Moses hatte ein mobiles Flipchart und erklärte mit gemalten Bildern die Tagesordnung. Zuerst wurde über eine Anfrage des BBC gesprochen, einen Film über das traditionelle Leben zu machen. Es war nicht die Diskussion, ob sie mitmachen oder nicht. Aus 4 Dörfern und 4 Distrikten sollte ein Teil abgedeckt werden. Tanz, Handwerk, Jagen und Sammeln. Sowohl der Zentral- als auch der Western-Destrikt wollten gerne Tanz machen. Es ist nicht geplant, die Leute sprechen zu lassen. Ich machte später gegenüber Gao Moses geltend, dass solche Filmprojekte nur dazu dienen, „alte Mythen" aufleben zu lassen. Das Geld soll danach der Coop zur Verfügung gestellt werden, die es dann gleichermaßen auf die 4 Kreise verteilt. Ich diskutierte mit Gao Moses auch, dass eine Kontrolle, was gesendet wird, wichtig wäre und sagte ihm, dass die Namtshoa Leute nichts von der Endversion des letzten Filmes gesehen hatten. Ich hatte den Eindruck, dass die „Barakaleute" unkritischer gegenüber Filmproduktionen sind, vielleicht mehr die Einkommensmöglichkeit sehen. Während des Meetings fielen mir folgende Punkte auf:

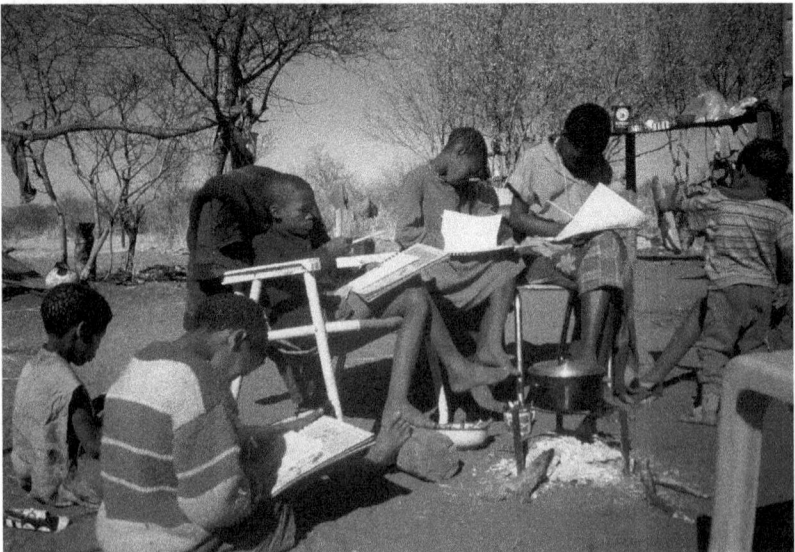

In /Aotcha.

Oft sprachen 3–4 Leute zur gleichen Zeit, manchmal verließen Gruppen von Leuten das Meeting, verschwanden, kamen wieder. Die /Aotcha Leute meldeten sich oft zu Wort; vor allem die Frauen hier schienen weniger scheu. Während des Meetings kochten Frauen Tee und Kaffee, spülten unentwegt Geschirr und brachten Nachschub. Frauen von anderen Dörfern waren ruhiger oder eher mit den Babys beschäftigt. Ich ging auch öfter weg, es wurde wenig übersetzt. Shebby schien müde, Linda ertrug alles bis ihr Teil kam, dann übersetzte Baecce für sie. Bei dem Schulprojekt hörten wieder mehr Leute zu, viele waren nach 3–4 Std. erschöpft. Ich war auch etwas genervt, da ich selbst nicht mit !U arbeiten konnte. Auch sie nahm manchmal teil oder ging wieder weg. Toma kochte Essen für seinen Schwiegervater, dieser und Gwi (Monica) nahmen auch am Meeting teil. Ich gab den Kindern noch einmal Farben und sie malten Bilder, die sie nicht fertig malen konnten, da es gegen 17.30 Uhr dunkel wurde. Ich kochte Bohnen, Mais und Reis auf dem Feuer. Toma war bei den Jüngeren des Camps und ich war müde vom Tag. Alle gehen hier früh schlafen und stehen früh auf. Ich habe besser geschlafen, mich an den harten Boden gewöhnt. Abends wurde manchmal von Feuer zu Feuer erzählt. Ich wohne am nächsten zu Ungka Norna, Gwi und Koba (Tochter). Gwi arbeitet viel im Camp und bearbeitet Werkzeug.

19. Juli 1996 (Freitag)
Die Metzger aus Tsumkwe kommen, Erhalte einen eigenen Ju/'hoan-Namen H//wann/a, Schule mit den Kindern, abends kochen und essen mit den Kindern
Wieder gegen 6.30/7 Uhr aufgewacht. Ungka Norna und Gwi unterhielten sich schon sehr laut an ihrem Feuer. Die Kinder waren schon wach und saßen herum. Toma hatte das Feuer entfacht und Wasser gekocht. So kamen gegen 7.30h drei Schlachter (Namibianer, die Afrikaans sprachen), weil jemand im Dorf eine Kuh schlachten wollte. Wenn ich es richtig verstand, kalbt die Kuh bald und dann wird geschlachtet. Es war richtig aufregend. Zuerst machte Toma für die drei Männer Tee und wir unterhielten uns ein wenig. Dann fuhr ich mit einem zum Kraal. N!ai's Tochter Choanna gab mir heute Morgen ihren eigenen Namen. Ich bin jetzt die „symbolische Mutter" von Debe, Dikaos, Gwi und zwei (?) weiteren Kindern und auch die symbolische Tochter von N!ai und Gunda. Ich habe es gar nicht erwartet. Im Familiengefüge in /Aotcha habe ich jetzt eine andere symbolische Stellung, Rechte und Pflichten. Ich habe Debe viel herumgetragen und mit ihm gespielt und jetzt habe ich ihren Namen. Die Männer gingen in den Kraal, trieben wild und schnell die Rinder herum und fingen eine schwarze Kuh. Es erinnerte mich an Spanien, wenn die Stiere durch die Stadt Pamplona gejagt werden. Danach Frühstück und Schulklasse mit den Kids, erstes Rechnen, manche Kinder sind über- und unterfordert. Ich zähle mit ihnen bis 20, erstes Rechnen, Zahlen schreiben, danach gingen

wir zum *pan* (Salzpfanne) und die Kinder fingen über 15 Vögel (wie Wildtauben) mit ihren selbstgebauten Schleudern. Sie machten Räder und Saltos im Sand, spielten Fußball und Völkerball und erklärten mir viele Pflanzen. Leider hatte ich mein Heft nicht mit, um die Namen aufzuschreiben. Sie holten mir *gums* (Baumharz) und ich probierte es. Es schmeckt wie Kaugummi und ist auch so klebrig. Die Sonne stand sehr hoch und ich hatte ziemlich Durst. Die Kinder sangen und tanzten wieder und erklärten ein wenig, wer wessen Schwester und Bruder ist. Sie lieben es, dass jemand mit ihnen Sport macht oder singt. Sie beschäftigen sich aber auch selbst und sind sehr gut „erzogen". Wenn sie merken, dass ich meine Ruhe haben will, lassen sie mich in Ruhe und ziehen sich zurück. Alles ist sehr informell, auch das Essen. Es gibt keine festen Zeiten. Die Kinder bekommen oft zwischendurch etwas zu essen, meist Maismehlbrei. Sie werden auch gar nicht reglementiert von den Erwachsenen, scheinen tagsüber ihr Eigenleben zu haben. Sie sind sehr kreativ und bräuchten mehr Zuwendung in Bezug auf das Erlernen von anderen Fähigkeiten. Sie wollen lesen und schreiben lernen und geben sich unheimlich Mühe. Sie benutzen die Radiergummis der Bleistifte, um so genau wie möglich etwas nachzumachen. Ich bedauere es richtig, dass ich nicht mehr mit ihnen sprechen kann. Sie sind eigentlich die besten Lehrer. Heute Mittag haben sie mir Feuer gemacht, Holz klein geschnitten. Es war am *pan* interessant, wie sie mit den Vögeln spielten, die Jungen ihre Schleuder spannten, gegenseitig sagten, sie sollen schweigen, die Jungen sich verstecken. Mädchen und Jungen trugen Tiere teilweise in ihrer Hosentasche. Sie wollten, dass ich am Ende von ihrer Vogeljagd auch ein Foto von ihnen mache, stolz präsentierten sie ihre Beute. Ich aß kurz wieder Cornflakes und sie kamen und fragten nach ihren Heften. Drei der Jungs gehen mit den Eseln Wasser holen, ich hatte noch genug. Ich habe hier immer Angst, dass das Wasser nicht reicht, dabei bin ich schon so sparsam. Von Freitagmorgen bis Sonntagnachmittag war Toma weg. In Tsumkwe macht der Health Center eine Feier für Leute, die bei der Polio-Kampagne mithalfen. So bin ich jetzt wieder auf mich gestellt. Gao Moses soll heute noch kommen. Ich bin froh, dass die Kinder hier sind, so können wir etwas zusammen machen. Gegen 17 Uhr begann ich nach der Wäsche zu kochen: Bohnen, Karotten und Gemüsesuppe und Reis. Ich habe zwar wenig gekocht (zu wenig) aber ich sage den Kindern, dass sie ihre *copis* (Tassen) holen können. Zuerst gibt es Aprikosen, die sie sehr mögen und dann das Hauptgericht. Ich bleibe noch etwas hungrig. So langsam passe ich mich hier den örtlichen Gegebenheiten an. Wasche nicht dauernd meine Hände, lasse das Zelt immer halb offen und sehe zu, dass das Feuer immer brennt. Sie essen alle mit mir, ungefähr 13 Kinder. Es gibt auch ältere Kinder, eher jugendliche Jungen, die sind aber oft nicht da oder wollen mit den Kleinen weniger zu tun haben. Nach dem Essen fangen sie an zu singen. Sie nehmen eine Pappschachtel und benutzen sie als Gitarre und später

als Keyboard. Mich würde interessieren, woher sie das kennen. Sie improvisieren immer neue Rhythmen und haben teilweise Liedtexte. Später teilten sie Gruppen ein, die tanzen sollen. Ich bin in Gruppe 1 mit Dikao. Sie lachen viel und manchmal sicher auch über mich. Als der Mond aufgeht, sagen sie *nui*, ein Junge zeigt die Himmelsrichtungen, die Namen habe ich schon wieder vergessen. Die anderen Erwachsenen sitzen an ihren Feuern, rufen selten etwas den Kindern zu. Einmal auch „sikilele Africa", das sie zusammen singen.[40] Meist sitzt der kleine Toma auf meinem Schoß. Er ist ziemlich erkältet, wie einige der Kinder. Gegen 8 Uhr sagen sie „good sleep" und gehen fast alle zusammen weg. Die Erwachsenen reden auch noch ein wenig, legen sich aber dann unter ihre Decken. In der Nacht sind die Hunde wieder aktiv. Vor allem der größte ist der aggressivste. Oft versuchen sie an die Töpfe zu gehen und bekommen dann einen Hieb mit dem Stock. Ich weiß nicht, wer die Hunde füttert, aber sie sind nicht so wohlgenährt, wie die Hunde in Baraka. Dafür heulen sie nicht wie Wölfe in der Nacht. Ich fühle mich im Dorf sicher und denke, wenn etwas wäre, würden sie mich wecken. Ich fand die Kinder hoch musikalisch und auch im Tanzen ausdauernd und einfallsreich. Als ich Joachim Pfaffe's Analyse über die Schulkinder las, dachte ich, dass oft ein europäisches Modell den Kindern übergestülpt würde und dann wird geschrieben, sie können sich nicht konzentrieren. Dabei – wenn sie malen, sind sie ruhig, konzentriert und benutzen auch mehr Farben, wenn ich manche Kinder ermutige. Ich denke, bei einer Schulerziehung muss auf die Situation dieser Kinder besser eingegangen werden. Sie haben während des Tages Aufgaben zu erledigen, wie Wasser holen, Holz sammeln oder beim Kochen zu helfen. Das geht mit einem starren Stundenplan nicht.

20. Juli 1996 (Samstag)
/Aotcha: Karatetraining mit den Kindern bei der Salzpfanne (pan)
Nachts: Besuch von Rindern an meinem Zelt, Angst vor Löwen

Die ersten, die ich morgens höre, sind Gwi und Ungka Norna, die auch meist die lautesten hier sind. Sie stehen früh auf, manchmal hämmert Gwi und bearbeitet Speerspitzen. !Ui, der kleine Schüchterne, und Toma (Baus Sohn) machten heute schon Feuer. Bevor ich Frühstück zubereitete, gab ich ihnen Papier und die Farben und sagte, sie sollen eine Gitarre oder ein Keyboard malen. Nur Koba war überfordert. Sie ist auch beim Schreiben noch überfordert. Di!kao macht sehr gut mit. Dann üben wir Schreiben, zählen bis 30 (in Englisch) und die Zahlen 4 und 5. Sie sagen mir, dass sie mit mir Holz holen wollen. Meist geben sie ihre Stifte und Hefte zurück (unheimlich „diszipliniert"), essen noch eine Kleinigkeit und machen sich fertig. Später sah ich, dass die Mädchen alle ein Stoffbündel mithatten, um das Holz zu tragen. Mit 9 Kindern zogen wir los, wir liefen meist in einer Linie. Das kommt auch von den Wegen, selten gehen welche nebeneinander. Unterwegs zeigten sie mir Beeren, die ich auch aß. Meist trug ich Toma, der sich an meinem Zopf festhielt. Wir gingen zu einem Platz, wo vom Feuer abgebrannte Zweige lagen. Guka hatte eine Axt dabei, spaltete eine Wurzel. Manche der Jungen haben unheimlich viel Kraft. Ich habe dies schon bei der Wasserpumpe gesehen. Alles Holz wurde aufgeteilt und wir gingen wieder zurück. Bevor wir losgingen saß ich bei N!ai, Gunda Bau, Gwi, Ungka Norna am Feuer. N!ai wollte John Marshall's Adresse, um ihn um ein schönes Kleid zu bitten. Sie will ihm schreiben. Die anderen Frauen fragten mich auch nach Halstüchern. Ich sagte ihnen, dass ich erst nach Grootfontein fahren müsste, um ihnen welche mitzubringen. Bau spricht Englisch und kann auch schreiben. Sie schrieb eine Notiz in Klein Tomas Heft. Ich kochte Tee und schrieb gegen Mittag Notizen. N!ai sang den ganzen Vormittag. Ungka machte einen traurigen Eindruck und sang mit N!ai. Später merkte ich, dass N!ai betrunken war. Die Kinder sagten, sie hätte Bier getrunken. Ich habe nicht mitbekommen, woher sie es hatte oder ob sie sich aus den Zutaten (Hefe), die am Tag zuvor ankamen, selbst etwas gebraut hatte. Gegen Mittag nervte mich der Gesang etwas. Ich fragte die Kids, ob sie mit mir zum *pan* gehen. Mit einigen zog ich dann los. Zwei der Jungen waren mit den Eseln schon unterwegs, um Wasser zu holen. Ich sah mir Stellen an, um später mit ihnen Sport zu machen. Wir sahen nur einige Vögel. Tagsüber ist es am *pan* fast leer, keine Tiere. Vielleicht sind wir als „Meute" auch zu laut. Als ich mit den Kids Gymnastik machte, mochten sie es sehr. Sie ahmten jede Bewegung nach. Toma und Guka kamen mit den Eseln und fragten, ob wir zum Wasser kommen könnten, um ihnen zu helfen. Sie hatten auch meinen 25 l Kanister dabei. Die Kanister auf die Esel zu heben, ist selbst für mich fast nicht zu schaffen. Danach spazierten wir zum *pan*. Bevor wir zum *pan* gingen, umarmte mich

N!ai und wollte mich nicht loslassen. Was sie sagte, verstand ich nicht, aber die Kinder, besonders Xama (ca. 11 Jahre alt) zogen mich weg und wir liefen schnell den Weg entlang und ließen N!ai hinter uns. Ich zeigte den Kindern erst, wie man eine Faust macht und alle auch Koba und Klein Toma machten mit. Zwischendurch immer ausschütteln, lockern. Für manche Kinder war es manchmal zu anstrengend und sie legten sich auf die Erde. Auch konnten sie nicht in einer Reihe nebeneinander stehen. Es war mehr ein Halbkreis. Als ich ihnen das Anfangsritual von Karate zeigte und sagte, sie sollen die Augen schließen, lachten sie. Es ist schwer, etwas von dem „Respekt" zu vermitteln, der für Karate auch notwendig ist, aber ich hielt sie an, nicht gegeneinander zu kämpfen. Ich machte Karate in meinem Rock und als wir Dehnübungen machten und ich zum Spagat überging, klatschten sie und gaben mir die Hand. Sie versuchten es auch, aber sie sind diese Bewegung nicht gewohnt. Wir gingen gegen 5 Uhr zurück und ich sah wieder den schönen Sonnenuntergang, den man vom Dorf aus nicht sieht. Der große Gwi machte mir die Konserven auf, Bohnen und Mais, und ich fügte Kartoffeln und Karotten hinzu. Als ich alles aufgeteilt hatte, nachdem es gar war, hatten wir alle gerade 4 Löffel bekommen. Alle waren noch hungrig und ich kochte noch einen ganzen Topf Reis (wieder 4 Löffel). Ich holte meinen Kassettenrekorder aus dem Zelt und fragte sie, ob wir etwas zusammen singen. Sie waren so aus dem „Häuschen", daß sie anfangs nur schrien, statt zu singen. Als zwei der jugendlichen Jungs dazu kamen, „ärgerten" sie die Kleinen und es entstand eine gereizte Stimmung. Ich gab nach einer Weile zu erkennen,, dass dieser Umgang miteinander aufhören muss und die Großen verschwanden. Dann teilten sich die Kleinen in zwei Gruppen und sangen zusammen. Es war danach viel besser, auch ohne Mikrofon, weniger stressig. Gegen Neun gab ich zu erkennen, dass ich ins Zelt wollte, sie verabschiedeten sich. Aber in der Nacht waren sie noch unheimlich aktiv, fast ein wenig aufgedreht. Auch die Erwachsenen hatten dieses Mal mehr im Innern des Dorfes ein größeres Feuer, nicht bei Gwi und Ungka. Es war sehr kalt und ich brauchte länger, um warm zu bekommen. Mitten in der Nacht wachte ich von seltsamen Geräuschen auf. Ich dachte erst, die Hunde machten sich über die Dosen her. Irgendwann nahm ich die Taschenlampe und sah nach. Die Kühe des Kraals hatte wohl niemand eingesperrt und ich war völlig umringt von lauter schmatzenden Kühen. Um mein Zelt lag Heu und so blieben die großen dunklen Kühe lange bei meinem Zelt liegen. Ich hörte sie auch „pissen". Sie hatten mir so einen Schrecken eingejagt, dass ich aufstand und am Feuer eine Zigarette rauchen musste. Später zogen sie weiter. Die Kühe liefen im Dorf herum, rissen teilweise den Draht nieder; in der Stille der Nacht ein seltsames Geräusch. Tief in meinem Inneren hatte ich Angst vor Löwen. Die nicht eingesperrten Kühe so mitten auf dem Präsentationsteller. Welche Einladung für die Raubkatzen! Ich sah, dass bei Gunda und N!ai ein größeres Feuer brannte, aber niemand aufstand. Vielleicht ereignet sich das oft. Was ich vergaß zu schreiben, dass abends, in der Zeit als ich kochte, der große Hund dabei war, eine andere Hündin zu „besteigen". Die Kids warfen Steine und Stöcke auf die beiden, teilweise mit ihrer Schleuder. Die Hunde machten jämmerliche Geräusche und ich dachte, gleich sterben sie. Als sich die beiden Hunde in der Nähe meines Zeltes in einer verlassenen Lehmhütte verfingen, hielt ich es nicht mehr aus und ging zu Bau und ihrem Mann und bat sie etwas zu tun. Bau sagte, die Hunde machen Sex und die Kinder lassen sie nicht in Ruhe. Als ich merkte, dass die Erwachsenen nichts unternehmen wollten, ging ich zurück zu den Kids und sagte, sie sollen die Hunde in Ruhe lassen und sich ans Feuer setzen. Sie folgten dann auch und die Situation entkrampfte sich. Nachts dachte ich auch, dass ich mit meiner Arbeit vorwärts kommen müsste und war auf Toma etwas wütend. Ich denke, er ist ein „Mann des Überganges"; er kennt diese Welt, war aber auch schon in Amerika. Er ist in meinen Augen manchmal etwas „unverschämt". Er stellt selbstverständlich Forderungen, so z.B. mit dem Wein, aber er sagt, ich solle ihm *boots*, wie meine aus Deutschland, schicken. Ich sagte, sie sind zu teuer und dass ich auch nur 3 Paar Schuhe selbst habe. Der große Vorteil meiner Situation ist, das Leben im Dorf etwas stärker teilen zu lernen und ich mehr in einer Alltagssituation bin, in der ich mit den Kids spiele, schreibe, spazieren gehe. Ich glaube, so sehen sie auch, dass ich gerne hier bin und mich auf sie einlasse. Mit Bau habe ich mich so nett unterhalten und die anderen Frauen sind auch sehr nett zu mir und auch nicht scheu, mich anzufassen.

21. Juli 1996 (Sonntag)
/Aotcha: Ich erfahre, dass mein Übersetzer im Gefängnis in Tsumkwe sitzt

Nach der kurzen Nacht (wg. der Kühe) stand ich erst gegen 8 Uhr auf. Die Kids saßen schon um das Feuer und lachten als ich aufstand. Ich wusch mich heute etwas gründlicher hinter meinem Zelt, wusch meine Kleider, später den verkrusteten Topf und kochte Kaffee und Milch. Ich sagte ihnen, sie können schon eine Karatefigur, Mann oder Frau, malen. Die meisten malten Bruce Lee und noch einen Kämpfer, dessen Namen mir nichts sagte. Dann malten die meisten einen Fernseher und Xama sagte, sie hätten ein TV in Baraka gesehen. Ich ließ sie ein Wort aus dreien wählen. Sie wählten Tju = Haus, dann schrieben sie noch Vater, Mutter, Schwester, Bruder und malten jeweils ein Bild dazu. Ich glaube, dies ist eine gute Methode, die Kids zu motivieren. Koba (ca. 6 Jahre alt) bekam ihre Haare von Ungka geschnitten. Sie ist mit der „Schule" etwas überfordert. Manche der Jungen hatten schon Schule, und für sie ist das Tempo manchmal zu langsam. Für Kinder wie Di!kao und Gwi manchmal zu schnell. Auch war das Baby von Gao Moses (7 Monate) fast die ganze Zeit dabei, bis ich es Bau zurückgab. Es sprengte manchmal etwas den Rahmen, noch auf das Baby aufzupassen. Dann machten wir noch die Übung „kurz, lang, gleich groß". Während wir dabei waren, kam ein Toyota mit Joseph von Baraka angefahren. Erst sagte er, er hätte schlechte Nachrichten, Toma wäre im Gefängnis wegen einer Schlägerei mit einem Kavango. Er war wieder betrunken und niemand weiß, wie lange er im Gefängnis bleiben muss. Sie werden ihn nach Grootfontein zum Gericht

In /Aotcha.

bringen. Bau und Ungka fragten mich, was ich tun wolle. Ich entschied, noch zwei Tage zu warten und wollte im Dorf bleiben. Ich gab Bau 30 N$ mit, um im Shop Essen für die Kinder und mich zu kaufen. Auch !U fuhr mit nach Tsumkwe, um ihre Pension abzuholen. Bau zeigte mir ihren Pass, um mir zu zeigen, dass sie schon in Holland gewesen ist. Das Camp ist jetzt ziemlich verlassen. Es sind nur noch N!ai, Gunda und ich (als Erwachsene) und zwei Jugendliche (Gwi und Kunta) und von den Kleinen (Klein-Toma, Tsisaba, Guka) und noch zwei da. Bau meinte, wenn ich Angst hätte, solle ich mir zwei Kids heute Nacht ins Zelt holen. Irgendwie überraschte mich die Nachricht [über Toma] nicht besonders. Bis Dienstag muss ich eine Entscheidung treffen, ob ich nicht noch jemand anderes engagiere. Ich bin nicht mit Toma zufrieden. Ich glaube, dass er viele Ideen hat, aber irgendwie verhält er sich, wie jemand in der Pubertät. Er arbeitet öfter für Leute, die erheblich mehr Geld und einen anderen Lebensstil haben als er. Auf der anderen Seite lebt er in Tsumkwe in einer kleinen Siedlung mit sehr armen Leuten um ihn herum. Die Stimmung in der Siedlung, in der wir eines der ersten Gespräche führten, war resignierend und auch zu uns sehr distanziert. Ich stelle schon einen großen Unterschied zwischen Tsumkwe und /Aotcha fest und mache dies nicht nur am Verhalten der Leute zu mir fest.

Nachdem die Autogruppe wieder das Dorf mit vielen Kids und Frauen verlassen hatte, war es ziemlich ruhig geworden. Ich wollte erst einmal sehen, wer außer N!ai und Gunda übrig blieb: die „Großen" Kunta und Gwi und die „Kleinen" wie Tsisaba, Klein-Toma, Gwi und Guka. Wir gingen etwas später mit !Nai Holz sammeln. Es ist wirklich eine Knochenarbeit, Holz für einen Abend zu sammeln. Wir fällten zusammen einen abgestorbenen Baum, verteilten die Lasten und gingen zurück. Die Kids aßen dann Maisbrei. Später gingen wir zum *pan*, weil Karate in den Nachmittagsstunden angenehmer ist. N!ai kam mit und sah die ganze Zeit zu. Manchmal lachte sie, wahrscheinlich sahen manche Bewegungen zu komisch aus. Karate entspricht auch oft nicht dem „normalen" Bewegungsablauf. Die Jungen schossen sich wieder zum Abendessen kleine Vögel und wir gingen vor der Dunkelheit zurück. Ich kochte dieses Mal Tofu, Fisch und Tomate, Makkaroni (einen großen Topf voll) und hoffte, dieses Mal nicht noch einmal anzufangen. Nach dem Essen fragten sie nach dem Kassettenrekorder und wollten zuerst etwas von gestern hören. Dann sangen sie neue Lieder und erzählten „stories". Leider verstand ich nicht, um was es ging. Gwi begann, eine lange Geschichte zu erzählen. Die Art und Weise, wie er erzählte und die anderen ergänzten, ließ mich denken, dass sie die Geschichte kannten und er oft durch Lautmalerei und Gesten die Spannung erhöhte. Ich brauche Kassetten und neue Batterien aus Baraka. Ich dachte ja nicht, dass sich das Aufnehmen so entwickelt. Die „Großen" waren dieses Mal auch netter zu den Kids, mehr als wären sie die großen Brüder. Die Jungen saßen alle miteinander „verwickelt", Füße aufeinander, untergehakt angelehnt und bezogen mich mit ein. Sie behandeln mich ganz „normal". Ich verstehe zwar selten, um was es geht, entdeckte aber mehr und mehr, dass einige doch englische Vokabeln kennen und für die anderen übersetzen. Gegen 9 ging ich schlafen. Vorher hatte ich gesehen, dass die Kühe wieder frei herumliefen. So hatte ich keine Angst einzuschlafen. Die Jungs spielten noch an einer anderen Stelle des Dorfes. Ich schlief gut und lang.

22. Juli 1996 (Montag)
/Aotcha, nachts dringen Löwen in den Viehkraal ein und reißen zwei Kühe

Gugka und Gwi machten morgens mein Feuer und bastelten sich eine neue Schleuder (*gumi*) und ich fragte, ob ich auch eine haben könnte. Gwi („mein Sohn") fertigte mir dann eine schöne Schleuder, mit der ich gleich übte. Ich teilte die Cornflakes mit ihnen und gab ihnen den Rest des O-Saftes, den sie langsam tranken. Heute machten wir keine Schule, zwei Kids wollten malen und ich sagte, sie sollen Touristen malen. Stattdessen malten sie Baraka-Autos (Shebby's Auto und Polizeiautos). Nach dem Frühstück kam N!ai an mein Feuer und ich gab ihr Zigaretten. Wir sprachen über ihre Familie und sie nannte mir die Bezeichnungen für Tochter, Sohn, Vater, Mutter und zählte die Namen ihrer Kinder auf. Es war sehr schön mit ihr und ich bedauerte wieder meine fehlenden Sprachkenntnisse. Sie sagte, es wäre wie mit Lorna[41]. Ich kann mir oft vorstellen, wie es Lorna hier ging und warum es ihr hier so gut gefiel. Ohne Übersetzer kann ich mir Dinge nur zusammenreimen. Ich hoffe, dass Toma bald kommt oder ich muss mir in Baraka jemand anderes suchen. Vormittags malten wir alle mit Wasserfarben auf Stoffe, alte Maismehlsäcke, und später hängte ich die Sachen auf den Zaun. Die Jüngeren waren mit den Wasserfarben fast ein wenig überfordert. Kunta hatte Spaß und Ausdauer und malte auf die leere Cornflakesschachtel. Später gingen wir mit N!ai Wasserholen. Ohne die Esel ist es eine arge Schinderei, das Wasser ins Camp zu holen. Es ist heute sehr windig und ruhig. Vielleicht kommen heute einige Leute aus Tsumkwe zurück. Die Jungs hatten heute keine Lust auf Schule. Die Spannung der ersten Tage ist wieder dem Alltag gewichen. Sie gehen jetzt wieder öfter auf die Jagd nach Vögeln und tragen ihre Malsachen zu ihrem Schlafplatz. Nachmittags wollten sie auch kein Karate machen, dafür aber malen. Ich meinte, sie könnten wieder Tiere malen und schlug einige vor, da Kunta mittags eine Giraffe gemalt hatte. Sie wollten aber alle einen Esel malen. Die meisten malten einen Esel ohne Zaumzeug und mit Geschirr, ohne Ju/'hoansi und einen mit Kindern, meistens zwei oder drei. Wir begannen ziemlich früh mit dem Kochen. Sie wollten Erbsen und Reis und tobten mehr miteinander herum. Ich weiß nicht, ob es Schüchternheit oder Unsicherheit ist. Ich wäre jetzt auf einen guten Dolmetscher angewiesen. Ich möchte auch gerne wissen, was die Kinder denken. Auch scheinen sie ein kleines Spiel zu spielen. Sie bringen mir Kuntas Bilder, nicht er selbst. Auch N!ai machte „Andeutungen" mit ihrem Sa-Puder. Ich weiß nicht, was es bedeutet. Morgens hörte ich in meinem Zelt laut „I love you" rufen und dachte, es ist wieder so ein Spiel. Manchmal kennen die Kinder englische Worte, us Musikstücken, nehme ich an. Beim Kochen waren sie stiller, aber auch hungrig. Vielleicht war es ganz gut, ein paar Tage abwesend zu sein, um wieder neue Gespräche zu führen. Nach dem Essen wollten sie eine Geschichte auf den Rekorder sprechen. Er funktioniert nicht mehr richtig. Jetzt muss ich die ganze Zeit den Startknopf und den Aufnahmeknopf mit dem Daumen gleichzeitig festhalten. Ich gab den Kindern ab und zu das Gerät. Nach zwei Geschichten sagten sie, sie wollen schlafen gehen und verschwanden. In der Mitte des Dorfes war es noch lange lebendig. Da ich nur eine kleine Taschenlampe habe, konnte ich noch nicht einmal lesen.

23. Juli 1996 (Dienstag)
/Aotcha, Jagd auf Vögel bei den Wasserstellen der Salzpfanne, Holzsammeln, zwei tote Kühe werden ausgeweidet und zum Dorf gebracht
Gegen 6 Uhr weckten mich die Kinder mit ihrem Lieblingssong, auf einen Kanister trommelnd. Ich brauche hier keinen Wecker. Zum Aufstehen war es mir noch zu kalt und windig. Über Nacht war mein Feuer wieder ausgegangen. Gegen 7.30 Uhr kamen Toma und Gwi und räumten die alte Asche weg, holten Holz und entfachten das Feuer neu. Ich hatte dann Mühe, den Topf vom Abendessen zu reinigen. Ich hatte gestern nur einen halben Kanister Wasser geholt, weil ich nicht alles schleppen wollte. So bin ich schon wieder knapp mit Wasser. Heute ist es unwahrscheinlich windig „ma" und kühl. Ich frühstücke allein und las James Joyce. Er schreibt in einer sehr bildhaften Sprache und es ist manchmal schwer herauszufinden, auf welcher Ebene er sich gerade befindet (von wem er erzählt, in welcher Zeit). Danach setze ich mich für eine Zigarettenlänge zu Gunda und N!ai. Ich deutete an, dass ich zum *pan* wollte und N!ai sagte, sie komme mit. Der Wind wirbelte über das *pan* und wirbelte Sand auf. Das *pan* sieht aus wie das Meer. Die Gräser bogen sich und ich hoffe immer, Elefanten oder größere Tiere zu sehen. Unterwegs trafen wir die Kids. Ein Teil ging mit ihren Vögeln zum Camp zurück. Zum Teil rupfen sie die Tiere bei lebendigem Leib. Ich mache keinen Hehl daraus, dass es nicht meine Sache ist, so mit Tieren umzugehen. Am *pan* waren wieder Vogelschwärme zu beobachten. Die Jungen versteckten sich im Gebüsch und warteten, bis die Vögel sich in die Zweige setzen. N!ai wollte zurückgehen und mich mitnehmen. Eigentlich wollte ich allein dort bleiben, aber vielleicht möchte sie nicht, dass irgendetwas passiert oder ich mich verlaufe. Wir nahmen dieses Mal den Weg über die Felsen zu dem Baobab-Baum, in dessen Nähe auch ein Wasserloch ist. Dann gingen wir zur Bohrstelle. Der

Tank ist jetzt ein Drittel voll. Ein toter Vogel schwamm darin und Gwi kletterte hinein und holte ihn heraus. N!ai rupfte ihn auf den Weg zum Dorf. Wahrscheinlich wird das nächste Wasser, das sie holen aus dem Tank sein. Ich dachte, ich müsste dann für mein Trinkwasser Chlortabletten nehmen. Als wir zurückkamen, war das Lager leer. Gunda, N!ais Mann, war wieder auf die Jagd gegangen, nachdem er die letzten Tage keinen Erfolg hatte. Die anderen Kids waren irgendwo unterwegs. Ich hoffe nur, dass Bau und andere bald zurückkommen und ich weiß, wo und wie es weitergeht. Im Dorf gibt es seit letzter Nacht auch fünf junge Hunde, die in der Nähe von N!ais Platz in einer Tasche liegen. Gunda war nicht auf die Jagd gegangen. Wie sich später herausstellte, hatte er die beiden toten Kühe im Busch gefunden. Wenn man den Geiern folgt, findet man tote Tiere. Gunda kam auf jeden Fall zurück und alle schärften ihre Messer und *Assegais* (Speere). Sie sagten mir etwas von einer oder zwei Kühen. Ich konnte mir aber zu diesem Zeitpunkt noch nicht alles zusammenreimen. Ich dachte erst, wir würden mit den Hunden auf die Jagd gehen. N!ai wollte noch Wasser haben und ich füllte meine kleine Flasche und nahm sie mit. Wir gingen ca. 30 Minuten bis ich einen seltsamen Geruch in der Nase hatte Kurz darauf sah ich die erste tote Kuh, wenig später die zweite Kuh. Die Tiere waren die letzten 2-3 Tage nachts nicht im Kraal und so ideales Futter für die Löwen. Bei der zweiten Kuh, die fast nicht angefressen war, hielten wir an, und in einer mehrstündigen Arbeit nahmen alle daran teil, das Tier auseinanderzunehmen und in Streifen zu teilen und zu schneiden. Alle, außer mir, ich war mehr die Fotografin der ganzen Aktion. Ich fand es überhaupt nicht eklig und es war das erste Mal, dass ich eine Kuh in allen ihren Einzelteilen sehen konnte. Am Ende wurden die Teile miteinander festgebunden, verknotet und auf die beiden Esel geladen. Ich sollte mit einigen der Kids und den Eseln ins Dorf zurückgehen. Es war unterwegs sehr heiß und windig und ich hatte dauernd Durst. Nachdem die Jungen das Fleisch abgeladen hatten, wollten wir Wasser holen gehen. Toma fragte mich, ob ich die Pumpe bedienen kann. So sprang ich auf den braunen Esel, wollte aber, dass Gugka mit reitet. Der Esel wollte nicht so recht auf mich hören. Die Esel werden von den Kids ganz schön herumgetrieben mit Stöcken und Tritten. So kam ich zu einem unerwarteten Eselsritt und es machte mir Spaß, von einer etwas höheren Position aus die Landschaft zu sehen. Wir hatten Mühe, mit der Kurbel den Motor der Pumpe anzuwerfen. Es war eigentlich kaum zu schaffen. Ich hatte Seife und das Handtuch mit und nutzte die Gelegenheit, um mich zu waschen. Die beiden 25l Kanister auf die Esel zu laden, ist auch ein größeres Problem. Mich wunderte es, dass ich es mit den Kleinen überhaupt schaffte. Im Camp hatten schon einige Fleisch gekocht. Später fragte mich N!ai, ob ich auch Fleisch mit ihnen essen würde und ich sagte, ja. So ergänzte ich unser Essen mit dem Rest Reis. Meine Nahrungsmittel gehen langsam der Neige zu. Bau und die anderen waren nicht aus Tsumkwe zurückgekehrt. Vor dem Essen hatte Gunda drei Elefanten in der Nähe der Bohrstelle entdeckt. Alle Kids und ich kletterten auf den Baum und sahen die Elefantenbullen. Mit ungeübten Augen kann man fast nichts erkennen. Die Büsche sind eine ideale Deckung. Ich sah den Sonnenuntergang vom Baum aus und es war eine schöne Stimmung. Ich war froh, dass das Auto heute nicht gekommen war. So konnte ich auch sehen, was mit dem Fleisch passiert. N!ai kochte in einem großen Topf Fleisch in Gemüsebrühe und einen Extratopf Maisbrei für die Kids. Sie gaben mir einen Teller mit 6-7 großen Stücken Fleisch. Bis auf ein Stück schmeckte alles sehr gut. Ich hatte auch Lust, wieder Fleisch zu essen. Wir rauchten noch und die Kids sagten gegen 7 Uhr, sie wollen schlafen gehen. Sie hatten soviel gegessen und waren müde. Ich denke, dann sind sie bestimmt wieder um 6 Uhr wach. Ich konnte gut einschlafen, wachte aber gegen 23.30 Uhr von lauten Geräuschen auf. Irgendwie dachte ich, dass der Fleischgeruch in der Nähe meines Zeltes Tiere anlocken könnte. Ich sah Gunda ein größeres Feuer machen und war beruhigt. Aber nichts passierte, alles blieb ruhig. Der Wind blies ohne Pause. Er verursacht mir Kopfschmerzen. Das Zelt schaukelt und da jetzt auch die Reißverschlüsse der Innennähte nicht mehr schließen, habe ich natürlich Bedenken, wenn ich nachts schnell aus dem Zelt müsste, dass ich nicht rechtzeig hinauskomme.

24. Juli 1996 (Mittwoch)
/Aotcha: Kinder und Jugendliche (Kunta Janse /Ui und /Ui Gunda) erzählen Geschichten
Die ganze Nacht hindurch blies der Wind „Ma". Die Taschenlampe fiel mehrmals aus dem Körbchen an der Zeltspitze. Das Geschirr hatte ich diese Nacht hereingeholt, da es in der letzten Nacht durch das halbe Camp geflogen war. Gwi hatte mir wieder zum Frühstück Feuer gemacht. Nach dem Frühstück las ich in J. Joyce weiter und sah wie Gunda und die Kids das Fleisch der Kuh in weitere Streifen schnitten. Im Camp und am Spielbaum hängt jetzt überall das Fleisch in langen Stücken über langen Holzstäben. Ich setzte mich zu Gunda und N!ai und zu den Kids und sah ihnen bei der Arbeit zu. In mein Wörterbuch schrieb ich ab und zu Worte auf: Körperteile, Kleidungsstücke, essen, schlafen, etc. Später saßen wir alle an ihrem Platz und malten. Ich hatte eine Skizze begonnen, die mein Zelt am Rande des Dorfes zeigt. Ich wünschte mir, ich könnte besser malen, es sieht immer aus wie Kinderzeichnungen. Mein Eindruck war, dass es den Kids schnell langweilig wurde. Ich musste ihnen auch extra sagen, dass sie die Stifte an den Platz zurücklegen. Nach einigen Tagen kommen wieder die Gewohnheiten, Dinge einfach liegen zu lassen. Es ist vielleicht auch eine Erfahrung, die die Jüngeren nicht kennen. Bevor ich Wäsche wusch, überlegte ich, ob es überhaupt Sinn macht. Ich dachte immer noch, dass ein Auto aus Tsumkwe käme. (Es

kam wieder keines.) Beim Aufräumen meiner Vorräte stellte ich fest, dass ich außer 3 Rollen Toilettenpapier, 2 Päckchen Salz und einem 1/2 Päckchen Zucker nichts mehr habe. Ich muss jetzt nicht nur wegen eines Übersetzers nach Tsumkwe, sondern auch wegen neuer Essensvorräte. Nachmittags ging ich mit „eia" und „ba" Holz sammeln. Wir gingen erst am alten Camp vorbei und dann parallel zum *pan*. Unterwegs aßen wir wieder *gums*. Gunda zerteilte einen alten abgestorbenen Baum. Das Holz ist extrem hart und es braucht viel Kraft, es zu zerteilen. N!ai belud sich schwer mit langen Stämmen. Gunda trug auch einen halben Baum, und ich bekam zwei Bündel mit Holz und mir tat im Camp wieder der Rücken weh. Ich gab ihnen ein Bündel ab, da ich im Moment nur abends und morgens Feuer habe. Danach spielte ich mit einigen [Kindern] Fußball. Ich war im Tor. Später bildeten wir zwei Mannschaften. Aber auch nach drei Spielen war die Luft etwas heraus. Ich las wieder und wollte dann zum Sonnenuntergang zum *pan*. Auf dem Weg dahin machten wir „zukis" (Karate), *akuuke yaki zukis*. Sie wollten wieder Vögel schießen und ich wollte nur den Sonnenuntergang sehen. Auf dem Heimweg machten sie mich auf einen Kudu aufmerksam. Ich hatte nichts gesehen (wie immer), meine Augen sind hier nicht geschult und ich sehe Dinge erst ganz spät. Auf dem Nachhauseweg sagten sie *!Goa* (Giraffe) und zeigten in die Ferne. Wir setzten uns ins Gras und warteten. Eine große und eine kleine Giraffe kamen in Richtung des Wasserloches. Sie waren weit weg und ich konnte sie kaum durch die Linse der Kamera sehen. Es war sehr schön, die Tiere zu sehen, die sich fast tänzelnd, hüpfend durch das offene *pan* bewegten. Der Wind stand für uns ungünstig und ich denke, irgendwann haben sie uns gerochen. Die größere ging auf die Bäume und Büsche zu und die kleinere folgte. Die Kids machten dann Lärm und waren auch glücklich die „goas" gesehen zu haben. Im Camp machte ich ein Resteessen mit 2 Kartoffeln, Mais und Tofu. Ich gab N!ai und den Kids den Rest im Topf. Ich hatte ihr gesagt, dass ich fast nichts mehr habe. N!ai saß am Abendfeuer auf dem Stuhl. Nach dem Essen wollten die Kids wieder eine Geschichte aufnehmen. Auch N!ai erzählte eine Geschichte. Ich wüsste so gerne, was sie mir auf Band sprechen. Oft lachten sie. Und wenn sie die Geschichte wieder hörten, kommentieren sie diese und lachen wieder darüber. Toma, Dikaos Sohn, der ein wenig Englisch versteht, erzählt besonders gerne. Auch die Großen haben Spaß an Geschichten. Gegen acht gingen sie alle wieder zusammen und sagten „gute Nacht".

25. Juli 1996 (Donnerstag)
/Aotcha: regelmäßiges Karatetraining, der Übersetzer kommt zurück
Letzte Nacht habe ich wieder gut geschlafen. Der Wind hat sich ein wenig gelegt. Es war ruhig im Dorf. Gegen 6 Uhr hörte ich wieder die ersten Kids miteinander sprechen. Sie bleiben meist unter ihren Decken liegen und erzählen dann lebhaft. Manchmal rieche ich schon etwas Kaffeeduft und

dann kommt der kleine Gwi gegen 7.15 Uhr und macht Feuer. Ich habe heute das Gefühl, als kämen die Leute zurück aus Tsumkwe. Nach dem Frühstück lese ich ein wenig und die Kids wollen Karate machen. Ich sagte, sie sollen erst etwas malen. Sie könnten die beiden Giraffen malen, die wir am Tag zuvor im *pan* sahen. Sie malen alle sehr schöne Bilder. Auch die beiden Großen fragen nach Schulheften. Dann räumte ich einen Platz im Dorf frei, als Karateplatz. Die Jungs wollten nicht weggehen und ich möchte sichergehen, dass ich nicht in Glassplitter trete. Ich ziehe meine Gymnastikhose an, den Rock darüber und das gelbe T-Shirt. Ich dachte, es wäre besser, diese Kombination zu tragen, weil ich mittlerweile die Kleider-Gewohnheiten der Frauen besser kenne. Wir machten Zukis, Akuuke und die Laufschritte. Es beteiligten sich 4 Jungen. Die anderen saßen bei Gunda und N!ai und aßen wieder Fleisch. Nach ca. 30 bis 40 Minuten sagten sie, sie hätten Durst, verzogen sich und ich sah sie wieder Fleisch essen. Toma kam irgendwann und sagte zu mir „mit diesen Leuten kann man nicht spielen". So wusch ich meine Füße und ging ins Zelt, um meine Sachen zu packen. Ich wollte auf jeden Fall nach Baraka, um alles Weitere zu organisieren. So langsam wurde ich innerlich unruhig, mit dem Gefühl, dass ich ja nicht hierhergekommen bin, um nur Wasser zu holen, am Feuer zu sitzen und Brennholz zu sammeln. Um die Mittagszeit kam Gao, ein Mann aus Baraka mit unheimlich vielen Leuten. Viele Frauen, Cho!ana, Bau, !U, viele Kinder und Toma, Maria, Monica und einige Männer, die ich nicht kannte, stiegen vom Wagen. Toma kam gleich zu mir und sagte, dass es ihm sehr leid tun würde, dass er nicht mit mir arbeiten konnte. Er wusste, dass ich allein in /Aotcha war. Er sagte, dass er eine Nacht im Knast war, dann wieder herauskam. Es war dort sehr kalt. Er war mit sieben anderen in einer Zelle. Er sagte, er wäre von dem Kavango „*black man*" angegriffen worden und hätte sich gewehrt. Es wäre nachmittags gewesen und er war nicht betrunken. Ich kann und will es nicht beurteilen, was stimmt und was nicht. Auf jeden Fall gab es keine Möglichkeit nach /Aotcha zu kommen, was ich ihm auch glaube. Eine Stunde mit dem Auto, fünf Stunden zu Fuß. Cho!ana begrüßte mich mit einer Umarmung, gab mir gleich Debe auf den Arm. Die alte !U kam, und wir küssten uns auf die Hände. Auch Di!kao und einige Kids standen herum, freuten sich und schauten schüchtern. Es passierte unheimlich viel zur gleichen Zeit. Ich musste erneut eine Entscheidung treffen und schwankte erst, bis Montag bleiben zu wollen. Nachdem ich noch einmal mit Toma die Situation besprach, entschloss ich mich doch mit ihm bis Montag nach Baraka zu gehen. Das Essen hätte nicht bis Montag gereicht, und wenn, wäre ich nicht sicher gewesen, wann wieder ein Auto kommt. Vielleicht dann doch Dienstag oder Mittwoch und ich wollte nicht in diese Situation kommen, ohne Essen in /Aotcha zu sitzen. Ich glaubte auch, dass ein Wechsel des Ortes mir gut tun könnte. Ich packte die Dinge, die Bau mir mitgebracht hatte, ins Zelt (Maismehl, Bohnen, Reis), und verschloss den Rucksack, umringt von allen Frauen, die mir neugierig zusahen. Sie sahen auch ins Zelt. Ich hatte schon alles aufgeräumt, den Wein hatte ich in mehrere Tüten gepackt. Sie wollten auf mein Zelt aufpassen. Ich konnte es nicht richtig verschließen und muss bevor ich es wieder bewohne, nachsehen, ob Spinnen oder andere Tiere darin hausen. H//wann/a fragte mich nach Hosen für Debe und ich versprach ihr, welche zu besorgen. !U möchte Kakao aus Grootfontein mitgebracht bekommen. Diese Tradition hat Lorna begonnen und ich bin jetzt die Adressatin für ihre Wünsche. Wir fuhren nach Tsumkwe, wieder ein Auto voller Leute. Sie mögen es, mit dem Auto durch die Gegend zu fahren. In Tsumkwe luden wir einige in Tomas Camp ab, neue stiegen hinzu. Ich wollte dann zu Ingrid und noch einmal probieren, J. anzurufen. Die letzten Tage ist das Funktelefon nicht gegangen. Wenn der Wind so stark bläst, gibt es keinen Kontakt. Beim ersten Mal legte J. sofort wieder auf, dann probierte ich es noch eine halbe Stunde, bis ich ihn dran hatte. Er verstand mich schlecht und anfangs dachte ich, es wäre jemand anderes am Apparat. Er fragte, „wo steckst du?" und als ich erzählte war irgendwann der Kontakt zu Ende. Ich wollte Ingrid auch nicht weiter nerven. Ich vergaß zu erwähnen, dass sie mir einen Teil ihres leckeren Mittagessens aufgehoben hatte: Brot und einen sehr guten Salat mit Körnern und leckeren Zutaten. Ich glaube, viele haben hier nicht genug Distanz zu ihrer Arbeit; da es hier wenig Möglichkeiten der Zerstreuung gibt, kreisen die Gespräche ständig um die gleichen Probleme. Ich meinte, dass ich ganz wenig in /Aotcha mitbekommen habe, vor allem, wie schnell die Kids ihre Motivation verloren, aber auch, dass sie von sich aus nach Dingen fragten, wie z.B. heute nach mehr Karate. Ich denke, es erfordert unheimlich viel Geduld, eingefahrene Prozesse langsam zu ändern. Die permanente Bewegung unter den Leuten mit und ohne ihre Kids, trägt auch dazu bei, dass alles Regelmäßige unwahrscheinlich schwierig zu organisieren ist. Sie bräuchten auch mobile Lehrer; die sich flexibler auf manche Situationen einstellen können.

Zum Beispiel mussten alle Kids die letzten zwei Vormittage Gunda beim Schneiden des Fleisches helfen und so konnten sie natürlich „keine" Schule machen. Im Auto unterhielt ich mich mit Shebby über seine Zeit in Brandenburg, als er ca. 21 Jahre alt war und Agrarwissenschaften studierte. In Baraka stellte ich mich zuerst einmal unter die Dusche, ich hatte es gar nicht so sehr vermisst. In /Aotcha hatte ich mich öfter unter den Armen gewaschen oder meine Füße gereinigt. Nach dem Sport hatte ich manchmal das Bedürfnis, mich zu reinigen. Im Gästehaus war der vordere Teil belegt, Shebby wusste auch nicht richtig von wem. Es sind zwei Namibianerinnen, ich weiß aber nicht, was sie tun. Ich ging zu Shebby und Joyce, gab ihnen einen Text für J. Shebby fährt morgen nach Grootfontein und kann für mich J. anrufen. Joyce sagte, dass ein Fax für mich zu Polly gekommen wäre, aber dass Polly schon in Grootfontein war und sie von ihrem Mann hörte: „My boyfriend send me love": Ich freute mich sehr, etwas von J. zu hören. Ich bat Shebby, auch bei Pollys Mann anzurufen, und vielleicht kann er das Fax auch zur NNDFN bringen und die können es mir nächste Woche mitbringen. Ich ging dann zu Renate, Gao Moses Frau, weil Johns Brief aus den USA angekommen war.[42] Dort unterhielt ich mich noch kurz mit Xaira (Old Toma war sein Onkel), der Frickes Haus im alten Camp baute. Er erzählte, dass Herero das Dach gestohlen hatten und ich sagte ihm auch, wie traurig es dort aussieht. Dort hat wohl auch einmal eine Windmühle gestanden und sie existiert nicht mehr. Toma kam und wollte mich alleine sprechen. Seine Frau Maria und ihre Freundin Monica kamen mit ihm nach Baraka und er muss sich um sie auch noch kümmern. Er fragte, ob er einen Vorschuss haben könnte und es ihm leid tut, mich immer um Geld fragen zu müssen. Er will für seine Frau und sich Essen kaufen, weil er jetzt nicht mit mir essen kann. Er will jetzt alles aufholen und hart mit mir arbeiten. Wir wollen in Baraka mit seiner Mutter und Kivit und vielleicht noch mit anderen von seiner Familie reden. Auch möchte er sich die Tapes mit mir anhören und sagen, was die Kinder erzählen. Er bringt mich moralisch immer in eine heikle Situation, die Arbeitgeberin zu sein und Grenzen zu ziehen. Er bat mich wieder um Geld und ich konnte es ihm nicht verweigern. Ich denke nicht, dass er mich „wieder im Stich lässt". Ich ging in die Küche und machte mir Eintopf mit Würstchen. Die drei Frauen (Namibianerinnen) saßen im Vorraum und schrieben und unterhielten sich in Afrikaans. Hilda, Annet und X. Sie verhielten sich „beschäftigt" und verschlossen. Es war seltsam, mein Essen wieder allein zu essen und ich vermisste die Kinder und mein abendliches Feuer. Im Baraka Camp ist es nachts sehr lebhaft. Von der Ferne höre ich laute Gespräche und einige Kinderstimmen. Es ist Ende des Monats und ich hörte, dass oft das „Ersparte" in „Flüssiges" angelegt wird. Ich weiß aber nicht, ob das heute hier der Fall ist. In Baraka ist es schwer, einen Durchblick zu erhalten, wer hier wohnt und wo. Offiziell wohnen hier nur Leute, die auch hier arbeiten. Aber ich glaube nicht, dass das so durchgehalten wird. Da Baraka auch Trainingscenter für die Leute der Dörfer ist, sind hier manchmal Leute für Monate, die ausgebildet oder weitergebildet werden. Ich saß abends noch im Gästehaus und schrieb, bis Hilda und Annett zurückkehrten. Sie redeten noch lange in Afrikaans und ich bedauerte, mein Zelt nicht mit zu haben. Die Hütte hat zwar eine Zwischenwand, sie ist aber nach oben offen. Die Leute, die darum herum wohnen, waren noch lange aktiv. Ich hörte fast nur laute Männerstimmen.

26. Juli 1996 (Freitag)
Baraka
Bin gegen 6 Uhr wieder aufgewacht. Die ersten Leute machen sich für ihre Arbeit fertig, d.h. manchmal; sie laufen dauernd herum und warten auf die Abfahrt der Autos. Ich blieb noch bis 8 Uhr im Bett und las Johns Paper

an Keyan Tomaselli und verstand wieder etwas mehr davon.[43] John spricht immer von den Farmen, aber ich kann mir noch kein richtiges Bild davon machen. Das, was ich bisher sah, waren Dörfer, die teilweise in Abhängigkeit von öffentlichen Nahrungsmitteln sind, oder für Touristen einen Tanz aufführen oder Perlenketten oder Ketten aus Straußeneierschalen verkaufen. Ich begann, das Conservancy Papier zu lesen und muss unbedingt mit Leuten hier noch darüber reden.[44] Bis jetzt verstehe ich vieles noch nicht. Nach dem Frühstück ging ich zum Baraka Shop, der Freitags und Montags geöffnet hat. Dort traf ich Tomas Mutter, seine Frau und Monica und noch einige vertraute Gesichter. Der Laden hat eine kleine Auswahl an Grundnahrungsmitteln, aber wieder keine Milch, kein Milchpulver. Toma wollte erst frühstücken und dann mich zu dem Gespräch mit seiner Mutter abholen. Er sagte, er hätte schlecht geschlafen und von Löwen geträumt und dass ihn jemand erschießen wolle. Ich träume hier fast gar nicht. Vielleicht hängt es damit zusammen, dass ich immer so früh erwache und dann nicht mehr einschlafe. Wir hatten dann mit seiner Mutter Kushey ein längeres Gespräch. Alle Verwandten hörten zu, kommentierten ab und zu und ich denke auch, dass sie Toma ab und zu auch korrigierten. Er sagte mir später, dass er sich heute nicht wohlfühle. Aber ich will darauf nicht zu viel Rücksicht nehmen, nachdem ich fast eine Woche ohne ihn in /Aotcha war, möchte ich die Zeit nutzen. Seine Mutter war anfangs ziemlich scheu und sah mich nicht an. Später blickte sie mich auch an, als die Fragen sich mehr auf die Gegenwart bezogen. Mein Eindruck bestätigte sich immer wieder, dass die Marshalls nicht nur die Pfade nach „Bushmanland" schlugen, sondern die Leute daran gewöhnt haben, dass „Fremde" mit Stiften und Notizbüchern kommen, Fragen stellen, alles aufschreiben, fotografieren, filmen. Generationen von Leuten mit Stiften und Blöcken sind hier gewesen. Sie sagte, sie fände es gut und es wäre für sie nicht befremdlich, dass ich da wäre und Fragen stellen würde. Als ich fragte, ob sie mich etwas fragen wollte, sagte sie „nein". Das ist auch nicht das erste Mal, dass Leute an mich, an uns, keine Fragen haben. Kushey machte einen desillusionierten Eindruck und ich weiß nicht genau, wo das Problem liegt. Sicher nicht nur darin, dass die Kinder nicht mehr „hören" und sich nichts mehr sagen lassen. Sie meinte, das Leben wäre früher besser gewesen. Sie hätten früher nicht so gelitten. Als ich sie fragte, mit wem ich noch sprechen sollte, erwähnte sie das Dorf Xaru, etwa 60 km von hier entfernt. Dort lebt ihr Vater und Old Kushay. Sie hätten mit den Marshalls gearbeitet. Während wir sprachen, fädelte sie Perlen auf eine Schnur, wie auch die anderen Frauen, ihre Tochter, Maria und Monica. Ich bedankte mich für das Gespräch mit ihr und fragte, ob ich von ihr und Toma ein Foto machen könne und sie sagte „ja". In der Küche kochte ich mir eine Suppe und zwei Jungen spielten mit ihren Schleudern vor der Küchentür. Ich konnte mich nicht mit ihnen unterhalten. Sie suchten aber den Kontakt mit mir. Etwas später ging ich wieder zu Kusheys Haus und spielte Toma und den anderen die Songs der Kinder von /Aotcha vor. Wir transkribierten die erste Geschichte von Zocorro und den Tieren, die einen Plan machten. Später wollten en wir noch eine Geschichte transkribieren. Ich bin wirklich neugierig, was sie mir erzählten. Wir übersetzten keine Geschichte mehr. In der Küche traf ich die Frauen vom Workshop, die mich einluden, Suppe mit ihnen zu essen. Sie erzählten, dass sie später mit Gao Moses nach Tsumkwe wollten, um „sweeties" zu kaufen. Wir packten warme Sachen ein, weil es hinten auf dem Pick-up sehr kalt werden kann. Gao Moses sagte, er wolle nach der Kuh in /Aotcha sehen, und ich dachte, bevor ich hier herumhänge und Toma wieder hinterher laufe, fahre ich mit nach /Aotcha und sehe, wer da ist. Wir fuhren in Tsumkwe zuerst zu den Leuten der Water Affairs. Ich habe keine Ahnung, was das für Leute sind. Auf jeden Fall „Weiße", die mehr den Eindruck von Abenteurern als von Wasserspezialisten machen. Wie sich nach einer Weile herausstellte, hatten sie einen Anhänger voll mit Lebensmitteln, vor allem Bier! Dies waren die „sweeties" von denen die Frauen gesprochen hatten. Alle deckten sich ein. Ich kaufte nur zwei Päckchen Zucker, 20 Orangen und Tabak für /Aotcha. Die Frauen wollten dann zur örtlichen Disco, wo das große Zelt steht und Discomusik lief. Nach einer Weile waren alle Leute verschwunden. Ich fand es doof, dort herum zu stehen und zu „gaffen". Ich mag das nicht. Gao Moses sagte, er wolle doch nicht nach /Aotcha fahren, wegen der Elefanten, die manchmal nachts den Weg versperren oder Zweige auf die Straße ziehen. So fuhren wir in allen Ecken von Tsumkwe herum. Es war wohl so eine „sightseeing tour" für die Frauen. Sie kannten Tsumkwe nur vom Durchfahren. Die Frauen verteilten Bier und gaben mir und Shebby auch eines. Ich hatte es nicht vermisst, Alkohol oder Bier zu trinken. Auf einmal verließen wir doch Tsumkwe und fuhren Richtung Gura pan. Ich weiß nicht, warum Moses seinen Plan änderte. Es war eine schöne kühle Fahrt durch den nächtlichen Busch. In der Nähe des Gura pan sahen wir eine Herde von Gnus, vielleicht 20-30 Tiere. Es war beeindruckend, die Tiere zu sehen, wie sie herumrannten und auf einmal verschwunden waren. Wir haben 2/3 Mond und deshalb kann man viel im Bushveld sehen. Zuerst fuhren wir zur /Aotcha pan, dort war von der Schönheit nichts zu sehen, nur flaches Land, das einer Wüste glich. Als wir zum Dorf kamen, bellten die Hunde und waren ganz aufgeregt. Die Kinder lagen fast alle schon in ihrem „Bett" und standen teilweise nur kurz auf, um hallo zu sagen. Ich begrüßte !U, dann die anderen: !Ungka, H//wann/a, Gunda, N!ai; einige Männer kenne ich nicht mit Namen. Ich gab !U den Zucker und Tabak und Kunta, dem ältesten der Kinder, die Orangen. Ich brachte die restlichen Orangen in mein Zelt. Alles war unberührt, ich nahm noch Wäsche mit und räumte die Malkiste auf. Soweit ich sehen konnte, hatten die Kids ihre Hefte herausgeholt und zusätzliche Bilder gemalt. Dann setzte ich mich noch ans Erwachsenenfeuer. Die Erwachsenen machten keine Anstalten, das Fleisch zu holen und wir fuhren später wieder ab, ohne das Fleisch von Moses mitzunehmen. Ich weiß nicht, warum sie es ablehnten, ob es dafür zu dunkel oder zu spät war. Ich hatte auch den Eindruck, dass Moses diesen Trip „just for fun" unternommen hatte, um von Baraka weg zu sein und die Frauen auszufahren. Ich fand es für mich schön, einen Besuch in /Aotcha zu machen, um zu sehen, wer da ist und was sie abends machen. Ich wünschte, dass ich in /Aotcha zurück wäre und nicht meine Zeit in Baraka verbringe müsse. Der Grund, weshalb ich wechselte, war ja auch hauptsächlich mit dem Einkauf begründet und weil ich telefonieren wollte. Ziemlich durchgefroren kamen wir gegen 22.30 Uhr in Baraka wieder an, und ich schlief wie ein Stein.

27. Juli 1996 (Samstag)
Tsumkwe, Gespräch mit Tsamkao /Kaece

Gegen 7 Uhr aufgestanden und teilweise mit den Frauen gefrühstückt. Ich sprach kurz mit Hugh, der am Donnerstag Baraka wieder verlässt. Irgendwie möchte ich genauer wissen, wie seine Arbeit mit dem LIFE-Projekt von USAID zusammenhängt. Von den vielen Aktivitäten, die die Leute hier machen, ist es schwer, einen Durchblick zu bekommen. Vielleicht werde ich heute Abend mit ihm über die Arbeit sprechen. Als ich gegen 9 Uhr Toma suchte, sagte Maria, dass er Fußball spielen würde. Sie ging mit mir zum Fußballplatz. Das Spiel hatte wahrscheinlich gerade begonnen. Ich traf Linda, die Stühle mitbrachte und sah bis 11.30 Uhr dem Spiel Baraka gegen Gabashe zu. Am Ende vom Spiel sagte ich Toma, dass ich wieder mit ihm arbeiten wolle. Manchmal bin ich es so leid, ihm hinterherzulaufen. Ich weiß mittlerweile, dass die Leute hier durchschnittlich für einen Tag Arbeit 18 N$ bekommen und denke, dass er die Situation ausnutzte, dass ich die Gegebenheiten hier noch nicht so kannte. Linda meinte auch, ich solle strenger sein und auch ich denke, dass ich es noch einmal ansprechen muss. Das Spiel ging 5:5 aus und es war ein schönes Spiel, keine Fouls. Sie spielten alle sehr fair, teilweise mit und ohne Schuhen, manche mit Schuhen und Socken. Die Frauen standen mit Abstand zum Spielfeld und klatschten manchmal. Toma stand in der 2. Halbzeit im Tor und hielt alle Treffer. Nach dem Spiel sagte ich ihm, dass ich gegen 13 Uhr mit der Arbeit beginnen wolle. Ich ging dann zum Haus seiner Mutter und sie aßen gerade Mittagessen. Ich sagte, dass ich schon auf ihn gewartet hätte und mit der Arbeit beginnen wolle. Gegen 13.30 Uhr fingen wir dann endlich an und arbeiteten drei Stunden zusammen. Wir beendeten die erste Seite der Kassette und ich war überrascht, was die Kids auf das Band gesprochen hatten: Dass Gwi, der mit Ungka verheiratet ist, die Mutter von Kunta (dem größten und ältesten Jugendlichen von /Aotcha) getötet hatte, schockte mich wirklich. Ich würde gerne wissen, was Kunta darüber noch weiß. Er war sechs oder sieben Jahre alt. Gerade Gwi,

der Mann von Ungka, war mir im Dorf aufgefallen, weil er immer so laut rede-
te, halb schrie und eine harte Stimme hatte. Ich konnte es nicht interpretieren, aber !U mochte ihn nicht besonders. Nach der Arbeit kochte ich in der
Küche Makkaroni und Tomatensauce und Esther leistete mir Gesellschaft.
Sie fühlte sich seit Tagen krank und schüttete mir ihr Herz aus, dass sie unter
Gruppenstress mit Annett, die im Gästehaus lebt, steht. Sie ist erst 18 Jahre
alt und vemisst ihre Mutter. Side war den ganzen Tag allein und ärgerte sich
über die anderen, die von ihr erwarteten, dass sie für sie kocht. Nach erneu-
ten Versuchen, mit Kivit zu reden, erfuhr ich, dass er auch heute nach dem
Workshop zu müde ist. In der Küche holten mich Maria und Toma ab, es sollte ein Film kommen. Während wir warteten, kam Hugh und fragte mich, ob
ich jetzt Zeit für einen „Schwatz" über seine Arbeit hätte. Er erzählte, dass
er seit drei Jahren in Afrika ist, seit einem Jahr in Nyae Nyae, und am Donnerstag zurückkehrt. Er wurde wie die anderen vom LIFE-Projekt bezahlt.
Das Geld käme vom USAID. Er betonte mehrmals, dass Johns Arbeit in den
1980er Jahren sehr gut war und es keinerlei Zweifel an seinem Engagement
gäbe, er aber John nicht persönlich kennt, aber von ihm gelesen oder Dinge
über ihn gehört habt. Hugh denkt, dass John die aktuellen Entwicklungen
nicht mehr so mitverfolgt hat und auch eine falsche Einschätzung der aktuellen Bedürfnisse hat. Hugh findet das neue Konzept der Conservancy gut
und als Verbesserung der vorigen Situation. Er kennt Johns Film-Preview[45]
und sagte mir, ich müsse mir vorstellen, wie die Leute, die gezeigt wurden,
denken. Wenn das erst das Film-Preview ist, was kommt dann im Hauptteil,
deshalb starteten sie einen Versuch, sich einzumischen. Hugh schätzte Barbara Wykopf Beards Arbeit sehr und sagt, sie hätte viel dafür getan, dass der
NNFC nicht untergegangen wäre. Barbara käme nächste Woche nach Baraka
und ich denke, es ist sicher interessant, mit ihr zu reden. Nach dem Gespräch
warteten einige Ju/wa-Workshop Helferinnen auf das Video, das aber wegen
Stromproblemen nicht gezeigt wurde.

28. Juli 1996 (Sonntag)
Baraka
Früh morgens ging ich zu Shebby und fragte, ob er mit J. telefonieren könnte.
Leider hat es wieder nicht geklappt und ich denke auch, dass Shebby zuviel
um die Ohren hatte und dann nach dem dritten Mal aufgab. Später kam er
und sagte, er hätte einen Brief von meinem „fiancée". [...] Nach dem Lesen
musste ich irgendetwas tun und nicht nur allein sein. Ich wusch Wäsche und
suchte Toma, der gerade einen Tee gereicht bekam. Es war wieder gegen
neun Uhr und ich war innerlich wütend auf ihn. Vielleicht war er auch nur
mein Blitzableiter. Ich sagte ihm, dass ich mit ihm arbeiten wolle und er nach
dem Frühstück kommen kann. Gegen 9.30 Uhr kam er und wir transkrier-
ten eine Stunde lang weiter Gespräche der Kinder. Toma war dauernd ner-

vös, hörte auf jedes Auto, das vorbeifuhr. Er wollte nach Tsumkwe zurück. Ich hatte mich mehrmals erkundigt und es hieß, es gäbe kein Auto dorthin. Dann, gegen 10.30 Uhr, kam jemand und sagte, wenn er mitfahren wollte, dann nur sofort. Ich war sauer, weil ich ihn nicht bezahlen möchte, wenn wir nicht zusammen arbeiten. Und wenn ich nach Tsumkwe mitfahren würde, dann um Old Tsamkao zu sehen und mit ihm zu sprechen. Er ging weg um mit Gao, dem Fahrer zu sprechen. Dann sagte er, es würde gehen. Das Auto bringt zuerst die Leute nach Gabashe in den Norden zurück, fährt dann nach Tsumkwe, sammelt Leute ein und ich kann mein Gespräch führen und dann nach Baraka zurückfahren. Es war eine unheimliche lange und anstrengende Fahrt. Der Winter scheint jetzt langsam vorbei zu sein, tagsüber wird es sehr warm, heiß. Ich saß mit vielen anderen eng zusammen gequetscht auf dem hinteren Teil des Autos. Mein Po tat weh und ich hatte die ganze Zeit Anna, Marias Tochter, auf dem Schoß. Die meisten Leute schliefen auf dem Auto. Toma wollte ab und zu eine Zigarette und ich war genervt davon, sein „Supermarkt" zu sein. Zwischen 14.15 Uhr und 15.15 Uhr sprachen wir mit Old Tsamkao, mit dem ich schon einmal gesprochen hatte, wieder bedauerte ich es sehr, ihre Sprache nicht zu sprechen; ich glaube, es geht sehr viel durch die Übersetzung verloren. Toma sagte mir dauernd, dass er hungrig und müde wäre und Muskelkater hätte, ich ging nicht darauf ein. Er ist selbst dafür verantwortlich, anscheinend will er es so, dass er ständig um etwas nachgefragt wird oder Druck bekommt. Gegen 16.30 Uhr waren wir in Baraka zurück. Ich nahm eine kalte Dusche, denn nach der Fahrt war ich total eingestaubt, hungrig und durstig. Ich ging zu Shebby, holte Geld und bezahlte meine Übernachtungen im Gästehaus. Ich schrieb an J. einen kurzen Brief, den ich Linda mit nach Windhoek geben wollte. Ich musste mich beeilen, da sie auf den Brief wartete, so schrieb ich nicht alles, was ich wollte. Vielleicht komme ich in /Aotcha dazu. Später kochte ich noch eine Tomatensuppe mit Nudeln, packte meinen Rucksack und ging schlafen. Welch ein Glück waren die Frauen jetzt in Gabashe und ich musste nicht ihr Gerede anhören. Es gab abends kein Wasser in Baraka und ich war froh, dass mir Linda eine Flasche vorbeibrachte. Ich habe hier ja nichts anderes zu trinken.

29. Juli 1996 (Montag)
Fahrt nach /Aotcha

Ich war früh aufgestanden, um gegen 8 Uhr fertig zu sein. Gegen 8.30 Uhr kamen wir endlich in Baraka los, aber mit dem kaputten Auto von Gao Moses. Da ich am Freitag mit diesem Auto in /Aotcha war, dachte ich, das Problem sei vielleicht nicht so groß. Im Shop von Tsumkwe kaufte ich für 135 N$ ein, mehr als für eine Woche Nahrungsmittel. Dieses Mal auch Süßigkeiten für die Kinder und ich dachte, jetzt geht es bald los. Wir trafen Oma beim Shop. Stattdessen fuhren wir zu den Jungs der „Water Affairs", den Metzgern. Oma wollte sich Wurst kaufen. Als er mir auch ein Stück anbot, sagte ich „nein". Irgendwie arbeiten mir die Jungs da nicht so „sauber". Ich weiß, wie relativ das ist, weil mir anderer „Schmutz" hier meist nichts ausmacht. Aber in Bezug auf Fleisch bin ich empfindlich. Wir fuhren mehrmals zwischen Arnos Shop und der Location herum, nahmen Leute mit, brachten andere wieder zum Shop. Es wurde heißer und heißer und ich glaube, im Moment vertrage ich die Sonne nicht mehr so gut. Auf jeden Fall werde ich schnell ungeduldig und die Fahrer, egal welche, halten bei jedem an, der nur ein Zeichen gibt. Irgendwie dealten Leute auch mit Geld, ich weiß nicht für was, zwischendurch kauften Leute sich noch Fleisch, das aussah wie Hackfleisch. Wir kamen wieder zur Ju/wa *location* zurück. Ich sah Bau, Ungka, Norna, Koba, Klein-Toma, Gwi, Kuntas Vater und noch einige Leute, die ich vom Herumfahren mittlerweile kenne. Auch die alte Di!ai, !U's Schwester, wollte mit nach /Aotcha. Ein alter Mann, Gwi, seine Frau Kushay und Di!ai kamen mit der nächsten Fahrt mit nach /Aotcha und Toma sagte, dass es für mich gut wäre, weil diese alten Leute, alle die Marshalls kannten. Wir beluden das Auto mit Säcken voll Maismehl, Töpfen, Taschen mit Kleidungsstücken und Decken und hatten noch einige zusätzliche Mitfahrerinnen. Dann ging es los und ich war schon erleichtert, endlich Tsumkwe zu verlassen. Nach ungefähr 10 Minuten sagte der Fahrer, er würde umkehren. Ich denke, dass die Stoßdämpfer kaputt sind und er wollte nicht die Verantwortung tragen, mit den alten Leuten auf dem Weg sitzen zu bleiben. Ich weiß nicht, ob es wirklich der wahre Grund war, mittlerweile war es schon 12.30 Uhr und wir fuhren nach Tsumkwe zurück, entluden das Auto und die Leute stiegen wieder aus und ich diskutierte mit Toma, was wir tun sollten. Er meinte, ich könne zu Nigel gehen und dort etwas lesen. Ich schlug vor, die beiden alten Leute schon zu interviewen. Am Ende sagte ich, ich fahre mit nach Baraka und dann weiß ich auch, wann das nächste Auto kommt und sitze nicht nur herum, und schlage die Zeit tot. Nachdem wir wieder mehrmals durch Tsumkwe fuhren, und, ich glaube, Maria suchten, ging es endlich zurück. Josephs Frau und Baby und eine andere Frau hatte mich schon bei der Hinfahrt nach Geld gefragt und ich hatte „nein" gesagt. Dann wollte sie eine Decke und ich habe wieder den Kopf geschüttelt. Diese Frau wurde bei der Hinfahrt auch von jungen Mädchen ignoriert und ich fand ihr Verhalten aufdringlich. Beim Herumfahren in Tsumkwe sah ich Kinder auf dem Schulhof, aber mindestens so viele Kinder im schulfähigen Alter auf der Straße spielen. Viele Frauen liefen mit Babys herum und standen auf den Feldern. Auch schon einige *shebeens* hatten geöffnet. Jedes Mal, wenn ich zu den Wasserleuten kam, hingen Leute dort herum, kauften Wurst oder Alkohol. Das Leben spielt sich zwischen den legalen und illegalen Verkaufsbuden und Shops ab. Manchmal finde ich es unangenehm, wenn die Betrunkenen sich mir nähern. Ich bleibe oft auf dem oder im Auto sitzen, bin abweisend und wende mich ab. Heute dachte ich, es wäre besser, eine Arbeit über das „Moving", den Transport zu schreiben, was alles passiert, wenn man mit dem öffentlichen Transport unterwegs ist, wie die Leute grüßen, winken, freundlich sind, aber auch wie endlos manchmal durch Tsumkwes Sandwege gefahren wird, um noch den Allerletzten einzusammeln oder zu warten bis der Allerletzte noch gepinkelt hat. Ich muss aufpassen, dass ich zu Toma nicht ungerecht werde, er konnte heute nichts dafür, dass das Auto nicht nach /Aotcha fuhr. Ich fuhr auf jeden Fall nach Baraka zurück, kochte Kaffee.

Es ist wieder so heiß gewesen um die Mittagszeit und ich muss aufpassen, dass ich nicht dauernd Kopfschmerzen bekomme. Zuerst dachte ich, dass ich noch ein weiteres Auto hätte mit dem ich mitfahren kann. Ich packte meine Dinge nicht aus, brachte alles ins Gästehaus und setzte mich in den Schatten, um zu warten. Später nahm ich eine Dusche, wusch einige Dinge und begann zu lesen. Ich fühle mich seit einigen Tagen unwohl, weil ich spüre, dass ich eine Erkältung bekomme und weil ich auch von der Herumfahrerei, die nichts brachte, genervt war. Ich las „Hunter and Gatherer" von Richard Lee, vor allem Lornas Text, den ich so mag, über das Teilen. Als ich gegen 17 Uhr mit Esther darüber sprach, warum ich schon wieder da bin, hörte Shebby zu und sagte, dass ich nicht auf ein Auto zu warten bräuchte. Das andere Auto käme erst spät zurück. Ich zog meine Dinge ins Gästehaus um, Shebby und Joyce luden mich und Esther zum Abendessen ein. Es war eine Wohltat, etwas gekocht zu bekommen. Wir hatten ein langes und gutes Gespräch, vor allem über die Einführung von Waffen bei den *communities*, und Shebby sieht das so ähnlich wie ich. Es ist zu gefährlich, Waffen auszugeben. John sieht das anders. Vielleicht habe ich den Ernst der Situation noch nicht erfasst. Wir sprachen über Schulen und Esel und warum die Esel verschwunden sind. Wir sprachen über die Summen, für die Kühe verkauft werden, wenn Leute betrunken sind. Es ist hart zu sehen, was Alkohol aus den Leuten macht. Ich bin in Tsumkwe immer genervt, wenn ich die *sheebeems* sehe. Obwohl Shebby seit drei Jahren hier lebt, finde ich dass er noch immer viel Geduld mit den Leuten hat. Wenn er manchmal Leute nach Tsumkwe schickt und sie nach zwei oder drei Stunden Verspätung erst weiterfahren. Gegen 9 Uhr bin ich schlafen gegangen und war sehr müde.

30. Juli 1996 (Dienstag)
/Aotcha: Gespräch mit !U Debe und H//wann/a, Gunda und Di!kao=Oma

Wieder früh aufgestanden, um mit einem Auto, das nach Garu fährt, mit nach /Aotcha genommen zu werden. Ich hoffe, dass ich dieses Mal nicht wieder umsonst stundenlang auf dem Auto durch die Gegend schaukeln muss. In Tsumkwe waren wir im Shop, bei der Klinik, bei der *location*. Toma hatte einen heftigen Streit mit Maria und die Hälfte der Bevölkerung stand in der Nähe und kommentierte es. Es ging wohl um Geld, wie er sagte. Sie bezichtigte ihn, Geld zu verschwenden. Ich dachte schon, jetzt fahre ich wieder allein hier her. Als jemand den Schlafsack brachte, bin ich davon ausgegangen, jetzt kann es nicht mehr lange dauern. Wir beluden beim Local Government das Auto noch mit Maismehl und alles war eingestaubt. Gegen Mittag kamen wir in /Aotcha an. Zuerst war ich mit Entladen beschäftigt und !U kam, um mich zu begrüßen. Dann sagte ich allen Erwachsenen „hallo" und räumte das Zelt ein. Ich habe heute Halsschmerzen und fühle mich schnell angestrengt. Gegen 1.15 Uhr begann das Gespräch mit !U, und Toma war wieder müde. Oft versteht er meine Fragen nicht und ich versuche alles einfacher zu formulieren. Ich weiß nicht, ob er manchmal müde oder „faul" ist und lieber nur herumliegen will. Später mischten sich auch Di!kao, H//wann/a und !U ins Gespräch ein. Vor allem fragten sie, wann am Montag das nächste Auto käme , um Di!kao und uns abzuholen. Sie sagte, ich solle bei ihnen bleiben und meine Eltern müssten mir Geld geben, dass ich wiederkommen könne. Wenn ich hier den letzten Abend habe, solle ich eine „Abschiedsparty" geben, d.h. Geschenke an alle geben. Wem ich meine Decke hinterlasse, muss ich noch überlegen. H//wann/machte mir eine blaue Kette und schenkte sie mir. Ich habe mich sehr darüber gefreut. Heute Morgen sah ich auf dem Weg nach Tsumkwe zwei Strauße und es war sehr schön, zu sehen, wie sie über die Felder rannten. Später am Nachmittag transkribierte ich mit Toma noch kurze Geschichten. Immer muss ich ihn fragen, ob wir etwas zusammen machen. Er benimmt sich hier wie ein „Pascha", will sich die Wäsche von den Frauen waschen lassen, lässt sich Wasser und Zigaretten reichen. Ich kann so ein Verhalten nicht ausstehen. Er hat sich für mich noch nicht so stark angestrengt. Oft weiß er auch die Worte nicht und ich frage mich mittlerweile, ob er meine Worte überhaupt versteht. Als wir uns über Amerika unterhielten, strahlte er wieder. Es muss für ihn wirklich ein außergewöhnliches Erlebnis gewesen sein. Dabei müssen ihm wohl die Maßstäbe durcheinandergeraten sein. Abends kochte ich wieder, er tat gar nichts, aß sich den ganzen Tag bei seinen Verwandten durch, spülte nicht und saß nur kurz bei uns, stand wie ein Gast [auf] und verschwand dann beim Feuer der Erwachsenen. Ich finde es hier etwas anders mit ihm. Ich erwarte, dass er mehr übersetzt, was an Gesprächen vor sich geht. Wir saßen noch kurz bei Gwi und Ungka am Feuer bis alle schlafen gingen. Ich schlief wieder unruhig und wachte mehrmals in der Nacht auf.

31. Juli 1996 (Mittwoch)
/Aotcha: Gespräche mit !U Debe, N!ai Kgao und Di!kao =Oma
Gegen 6 Uhr aufgewacht, im Dorf die ersten Gespräche, Toma stand früh auf, wollte eine Zigarette und war dann bis gegen 11 Uhr verschwunden. Wie ich von den Kindern erfuhr, war er mit den Größeren jagen gegangen. Als er kam, war ich gerade dabei mit Dikao, Debe , Gwi und Toma zum *pan* zu gehen.

Es war wieder heiß und es war sehr schön mit den Kids. Sie jagten wieder Vögel und wenn sie jagen, sind sie die meiste Zeit still und warten, ob Tsamas oder Tsisibis sich hinsetzen und Wasser trinken. Außer dem Wind und den Vogelstimmen hörten wir nichts. Als ich gegen halb zwei zurückkam, lag Toma auf einer Decke bei den Frauen und tat, als ob er Mittagsschlaf macht. Wieder musste ich ihm sagen, dass wir jetzt mit der Arbeit anfangen könnten. Es war ungefähr ein 1.5 stündiges Gespräch und es bleibt oft bei Fragen und Antworten. Ich denke, es liegt manchmal an seiner Bequemlichkeit, dass er nicht richtig vermittelt, was ich wissen will. Wir beendeten das Gespräch, als er meinte, die Frauen wollten Holz sammeln gehen. Jetzt warte ich schon wieder eine Weile und es war doch etwas anderes. In der Zwischenzeit wurde von Kushe ein riesiger Topf mit Fleisch gekocht und die meisten aßen große Stücke Fleisch. Auch Toma ist ständig am Essen. So gegen vier Uhr gingen wir Frauen (Dikao, Kushe, H//wann/a, N!ai) und Toma los, um Feuerholz zu holen. Die Frauen sammelten unterwegs gums (Harz vom Baum, schmeckt wie Kaugummi) und schlugen auf dem Hinweg schon einiges an Holz. Vor allem Dikao hat viel Kraft und kann allein einen Stamm fällen. N!ai half mir, mein Bündel auf den Rücken zu binden und meines war im Vergleich zu den Frauen wieder kleiner. Sie machten aber eine Bemerkung, dass sie das gut finden. Mittags beim Gespräch gab es auch einiges an Gelächter, als ich das Buch „Kalahari Hunter-Gatherer" zeigte. Ich fragte sie, wen sie schön finden vom Camp. Von den Kindern nannten sie Dikao und Gwi (N!ais Sohn, weil er wie ein Chinese aussieht), von den Frauen nannten sie Dikao, !U's Tochter. Von den Männern Old Gunda und !Au, H//wann/as Mann. Ich fragte sie, warum sie so über den alten Mann gelacht hätten, und sie sagten, sie fänden ihn so hässlich. Jemand muss nicht dünn oder dick sein, sondern es kommt auf die Augenstellung an, die Nase und ich weiß nicht, was noch. Sie fanden es sehr amüsant, darüber zu reden und alle Frauen beteiligten sich am Gespräch.

Die Männer waren morgens wieder zur Jagd gegangen und erst abends wiedergekommen. Nach dem Sammeln (gegen 17 Uhr) spielte ich mit einer kleinen Gruppe mit Würfeln. Die Älteren verstanden es relativ schnell. Der kleine Gwi war damit überfordert und legte dauernd die Würfel in einer anderen Form hin. Dann kochte ich Karotten und Kartoffeln und zum Nachtisch schälte ich drei Orangen für alle. Nicht alle Kids essen zurzeit mit. Die Großen fehlen abends. Ich denke, sie essen zurzeit solche Berge von Fleisch, dass sie einfach satt sind. Gunda kam dazu, als wir Orangen aßen. Sie wollten dann wieder etwas erzählen. Da Toma wieder weg war, irgendwo anders, konnte ich nur zuhören. Auch Gwi erzählte eine Geschichte. Die Hunde bellten viel und jeden Abend geht der Mond in roter Farbe auf, wechselt dann seine Farbe in gelb und weiß. Es ist nicht mehr so kalt, die Tage werden wärmer. Fast alle im Dorf haben eine Erkältung, manche der Kinder husten stark.

Ich habe gesehen, dass ich gegen eine einfache Erkältung (z.B. Schnupfen-spray) nichts mithabe. Ein großer Fehler, auch nichts gegen Husten. Nachts ist es hier absolut ruhig. Keine Vögel. Kein Zirpen. Auch der Wind hat sich gelegt.

1. August 1996 (Donnerstag)
/Aotcha

Ich habe einen starken Schnupfen und bin fast ohne Stimme, wie fast alle Leute des Dorfes. Die Nase läuft ohne Unterbrechung und ich habe keine Medikamente gegen Erkältungen dabei. Ich hoffe, dass ich nicht noch Hus-ten bekomme. Nachts ist meine Nase verstopft und ich habe Kopfschmer-zen beim Einschlafen. Morgens waren die Großen und Toma wieder am *pan* jagen. Sehr früh, kurz nach 6 Uhr, brechen sie immer auf. Auch die Män-ner sind schon früh verschwunden; bevor ich aufstehe, sind sie schon weg und jagen. Fleisch ist wirklich ihre Lieblingsnahrung und sie essen es meis-tens ohne Beilage. Die Frauen haben fast immer einen Topf mit Essen auf dem Feuer. Morgens sind nur die Frauen, Dikao und die ganz Kleinen und ich im Dorf. Heute Morgen wollte Debe auch seine Zähne putzen. Ich gab ihm zuerst Wasser, um seine Finger zu reinigen und dann putzte er mit seinem Zeigefinger seine Zähne. Er ahmt es mir nach, spuckt auch die Zahnpasta aus und spült dann mit Wasser, Toma (Kind) und Dikao kämmten dann meine Haare und stritten sich um die Haarbürste. Dann frühstückte ich und gab Debe Haferflocken. Etwas später gingen wir in Richtung *pan* und dann doch zum alten Camp. Auf dem Weg dahin trafen wir Gwi und Tsissaba und spiel-ten auf dem Heu „Rutschen", das vermittelt ein ähnliches Gefühl, wie wenn man über Schnee rutscht, danach Verstecken. In der alten Schule schlossen sie die Tür und sangen und tanzten. Mir war es irgendwann zu warm und ich ging mit Debe nach draußen. Ich kletterte auf einen Baum, die Kinder kamen nach und kletterten auch hinauf und ich fing alle, bis auf Gwi, der zu groß ist, auf. Dann gingen wir zum *pan*, ich blieb mit Debe auf Abstand, weil die anderen kleine Vögel an der Wasserstelle jagen wollten. Ich war in trauri-ger Stimmung. Ich fühlte mich oft durch meine fehlenden Kommunikations-möglichkeiten isoliert und denke, ich lerne zu langsam ihre Sprache. !U kam mit Toma, ihrem Enkel, versuchte, ihre Schuhe zu reparieren und wir sam-melten auf dem Rückweg für sie Holz. Ich half ihr tragen und sagte ihr, dass es ihr Holz wäre, das ich für sie trage. Gegen 13 Uhr als alle Mittag gegess-en hatten, sprach ich erst mit Toma, der gerade dem Kind Toma die Haare schnitt. Ich sagte ihm deutlich, dass ich unzufrieden wäre, wie wir arbeiten. Ich war sauer, dass er einfach morgens verschwand und ich nicht wusste, wann er wiederkommt. Er meinte, ich hätte morgens noch geschlafen, als er gegangen wäre, was nicht stimmte. Er hatte mich morgens ja nach Zigaret-ten gefragt und ich hatte den Reißverschluss des Zeltes geöffnet, der seit

Tagen ziemlich kaputt ist. Ich glaube, es wurde ihm ziemlich klar, dass ich unzufrieden mit ihm bin. Er schlug erst vor, gegen 5 oder 6 Uhr wieder zu arbeiten, was ich ablehnte. Ich sagte, ich wolle nicht warten, weil es später dunkel ist und ich meist um diese Zeit koche. Er wollte wieder seinen Mittagsschlaf, aber ich nahm darauf keine Rücksicht. Ich sagte ihm, dass er mit John oder Peter Baker sicher so nicht arbeiten würde. Ich bin davon überzeugt, er probiert es einfach aus, wie weit er mit mir gehen kann. Es wurde dann ein ziemlich gutes Gespräch, vor allem, weil ich doch auf einige Konflikte zu sprechen kam, wie zum Beispiel das Teilen von Essen, Gegenständen, oder was die alten Leute erwarten, warum !U unzufrieden ist und ich sah, wie die anderen Frauen darauf reagierten. Es ist ein permanenter Kampf um die gleichen Anteile und es wurde oft ziemlich laut zwischen ihnen, und ich konnte sehen, dass ich einige interessante Punkte erwischte. Gunda kam später dazu, arbeitete aber an seinem Werkzeug. Ich glaube, Toma sagte ihnen, dass ich mit Frauen und Männern getrennt reden will. Er klärte mich auch noch einmal über die Geschichte mit der Kuh auf, die doch Gao Moses gehörte. Die andere Kuh gehört Kushe, die für mich anfing, ein Armband mit meinen gekauften Perlen zu machen. Toma hält sich meist aus den Streitereien heraus, es hängt vielleicht damit zusammen, dass er nicht permanent hier lebt. Vor dem Gespräch zeigte ich Gunda Qui und Kuntas Tierzeichnungen und fragte nach den Ju/wa Bezeichnungen. Sie waren gerade dabei, Vögel auseinanderzunehmen und ich fragte nach dem Namen für Herz, Leber und Darm, Flügel etc. Ich nahm einige Bezeichnungen auf und ich glaube, es hat ihnen auch Spaß gemacht. Toma und ich gingen dann ohne die Esel Wasser holen. Als ich fragte, warum wir alles ohne die Esel schleppen, sagten einige Kinder, weil sie Angst hätten, dass Ungka und Gwi zurückkämen und sehen würden, dass wir mit den Eseln etwas anderes machen. Die Esel wären nur für die Schule da (zum Transport der Kinder). Ich fragte nach, ob sie Angst vor den Beiden hätten. Toma erklärte mir, dass die Leute vor Gwi Angst hätten. Ich hatte ja gleich den Eindruck, dass die Beiden eine Außenseiterrolle haben. Sie leben normalerweise in Tsumkwe und sind nur manchmal zu Besuch. Ich fand es hart, obwohl die Esel da waren, sie nicht dafür zu benutzen und es schien mir nicht sinnvoll. Toma und ich schleppten abwechselnd den 25 l Kanister auf den Schultern. Es ist eine arge Schinderei. Manche der Kids hatten auch eine große Last auf ihren Schultern. Meist sind die Kids für das Wasserholen verantwortlich. Ich nahm Seife mit und wusch meine Arme und das Gesicht und trank Wasser. Danach wusch ich noch Wäsche und N!ai lieh mir ihren Plastikbehälter. Später kochte ich Makkaroni, Reis, Tomaten mit Zwiebeln und Würstchen. Ich weiß nicht, wieviel genau mitgegessen haben, vielleicht 13 oder 14 Kids, alle Kinder, Toma und ich. Nach dem Abendessen bin ich manchmal noch nicht satt. Einige der Kleinen wollten etwas aufnehmen, andere waren im Inneren des Dorfes. Da der Bulle im Kraal mehrmals laut muhte, hatten die Kinder Angst vor Löwen und waren leicht panisch. Bei jedem Geräusch zuckten sie zusammen und rannten in das Innere des Dorfes. Später zogen wir von meinem Feuer um und ich setzte mich zu H//wann/a und !Au. Debe schlief wieder auf meinen Beinen, am Ende konnte ich mich kaum noch bewegen, die Beine waren taub. Die älteren Kids stritten mit einigen der Erwachsenen. Es ging wohl um die Vögel, und sie sagten, sie wollen sie nicht teilen, es sind so kleine Vögel. Es passte ihnen nicht, dass H//wann/a, die von Dikao einen Vogel abbekam und mir auch noch die Hälfte abgab. Es ist dunkles Fleisch und es schmeckt wie Hühnchen. Sie sahen mir alle zu und ich versuchte das halbe Vögelchen zu essen. Ich stelle mich manchmal an, manchmal will ich vermeiden, mich von „oben" bis „unten" zu verschmieren. Seit Debe mich als „Ersatzmama" angenommen hat, sehe ich immer aus, als würde ich beim „Straßenbau" arbeiten. Meine Hosen haben jetzt auch die Farbe von den Kleidern aller anderen Bewohner und weil wir hier immer knapp an Wasser sind, wird auch selten gewaschen. Der andere „Streit" ging darum, dass einige sagten, !U würde immer fordern, gib mir, gib mir, da, da, und die anderen sind von ihrem Verhalten genervt. Ich fragte Toma, der bei den Jungs auf dem Lager lag, mir ab und zu mal zu übersetzen, damit ich ein wenigstens wusste, was im Gespräch abgeht. Gegen 20.15 Uhr gingen alle schlafen und ich hatte eine sehr verstopfte Nase und Kopfschmerzen. Seit wir hier sind, habe ich die Zigaretten rationiert. Toma bekommt 6 Stück am Tag und muss mich nicht dauernd danach fragen. Die anderen können ihn so oder so zwingen, mit ihm zu teilen.

2. August 1996 (Freitag)
/Aotcha

Gegen 6 Uhr aufgestanden. Eisiger Wind bläst und es ist sehr kühl. Dikao und Debe machen mir Feuer. Die anderen, außer die kleine !U, sind unterwegs, Dikao und Debe wollen sich mit mir waschen, Zähne putzen. Dikao macht mir einen Zopf, und wir frühstücken zusammen. Ich kann nicht essen, wenn mir hungrige Kinder zusehen. Ich gab Dikao 2 Päckchen Kaffee für !U, und als Dikao kam und mich nach Milch fragte, gab ich ihr Milchpulver, das ich noch von letzter Woche hatte. N!ai fragte mich nach Zucker und ich sagte, es wäre Tomas Zucker. Sie solle ihn fragen. Später fragten sie noch nach Waschmittel, leider hatte ich nur sehr wenig übrig. Ich gab ihr eine Zigarette und Klein-Dikao kam dann und sagte, H//wann/a wolle auch eine Zigarette. Ich gab ihr ein Päckchen Tabak. Es war mir fast wieder zuviel, all die Fragen am Morgen, und auch wieder nein zu sagen. Ich machte mit Dikao und Debe kleine Gitarren aus alten Schachteln und bemalte sie. Dann zog ich mich hinter die alte Blechhütte zurück, um zu schreiben und um nicht noch mehr nach Dingen gefragt zu werden. Die Kinder fanden mich natürlich, kamen mit ihren kleinen Gitarren und spielten und sangen. Ich sagte, ich wolle fertigschreiben, und sie zogen wieder ab. Sie wollen mit mir zum pan und spazieren gehen. Toma ist wieder nicht da und ich habe keine Ahnung, wann er zurück kommt. Wenn wir nachmittags gut arbeiten, will ich auch nicht immer nur nörgeln, aber ich möchte verhindern, dass er „für sein Geld" nur Dinge macht, die er gut findet und ich hinterher unzufrieden bin. Gegen Mittag fast ein 2-stündiges Gespräch mit Gunda, das mich für vieles versöhnte. Gunda erzählte von der Begegnung mit den Marshalls wie eine geschlossene ganze Geschichte, unterbrach nur, damit Toma es übersetzen konnte. Er erzählte von sich aus. Ab und zu ergänzte N!ai oder lachte, vor allem als es um ihre Hochzeit ging. Ich gab nach dem Gespräch eine Runde Zigaretten aus, die ich als knappes Gut rationiert hatte. Später bin ich mit Gunda und N!ai Holz sammeln gegangen, was ich sehr gerne tue. Gunda schlug fast die ganze Zeit das Holz und „beladen wie Esel" kehrten wir zurück. Alle anderen waren zu Fuß Wasser holen gegangen und im Dorf hörten wir den Motor der Wasserpumpe. Ich kletterte auf den Baum, fühlte mich unwohl, hatte dauernd krampfartige Menstruationsschmerzen. Nach dem Essen sagte ich, ich wolle heute nichts aufnehmen und ging ohne Gute Nacht zu sagen, schlafen. Ich hatte ja gehofft, dass ich meine „Tage" in Baraka bekomme, aber irgendwie muss das hier auch gehen. Die Tampons will ich verbrennen, ich denke, dass einige keine Tampons kennen. Die Kinder wollten sie in den Mund stecken, und H/wann/a wusste auch nicht, was Tampons sind.

3. August 1996 (Samstag)
/Aotcha: Gespräch mit Gunda Boo

Nachts werde ich von Atemproblemen wachgehalten. Wenn ich überhaupt nachts etwas höre, dann ist es das Husten von Leuten. Manche Kinder wie Klein-Toma haben eine richtige Bronchitis und ich hoffe, dass sie keine Lungenentzündung bekommen. Nach dem Waschen mit Debe und Dikao, die in meinem Zelt spielen, frühstücke ich. Da Gwi noch im Camp war, sagte ich, er könne einen Kaffee mittrinken. Ich bekam innerhalb von kurzer Zeit noch !U's Tasse und auch !au N!as und Dikaos Tasse und kochte noch eine Runde Kaffee. Mit Debe, Gwi und Dikao gingen wir zum *pan* und sahen den Großen beim Schießen zu. Auch zwei der Väter, !Au N!a und N!ani N!a, waren dabei und sie ordneten die erlegten Vögel ihrer Größe nach sortiert auf verschiedenen Stapel ab. Ich saß mit den anderen, Debe auf dem Schoß, in einem Versteck nahe des Wasserloches und sah ihnen zu und fotografierte sie einige Male. Alle hatten gute Laune und als wir zurückkehrten, blieben einige zurück. Ich schimpfte unterwegs mit Debe, weil er einen Esel grundlos mit einem Stein bewarf. Gegen 11/ 11.30 h kamen wir zurück. Toma frühstückte noch und gegen 12 Uhr setzten wir unser Gespräch mit Gunda fort. Meine Fragen waren zwar vorher überlegt, ließen aber nicht das Erzählen einer Geschichte so wie gestern zu gut. Leider! Aber mit Toma lief es viel besser. Er gab sich mehr Mühe. Nach dem Gespräch gab es eine Runde Bonbons für alle, und sie boten mir einen Tee an. Das Milchpulver, das ich ihnen einen Tag zuvor gab, war mittlerweile „Allgemeingut" geworden. Nachmittags fragte ich einige Kids, ob sie ihre Hände und Füße malen und ausschneiden wollten.

In /Aotcha.

Nach und nach kamen alle bis auf Tsisaba hinzu und wir hängten die Ergebnisse später an Tsamko Bobos Haus. Sie sahen sich ihre Bilder und Ergebnisse immer wieder an. Ich kochte Bohnen, Mais und Kartoffeln und alle Kids aßen mit. Zum Nachtisch gab es 1.5 Schnitte Aprikose aus der Dose für jeden. Einige der Kids wollten wieder singen und da die Batterie mittlerweile zu schwach ist, verlor ich zwei schöne Improvisationsstücke. Oft streiten sie sich, wer mitsingen kann, oder wer mit wem singt. Gwi streitet sich dauernd mit seiner Schwester Dikao und sie wehrt sich oft und bewarf ihn auch schon mit Sand. Die Kids zogen sich bald zurück und ich ging zu Kusheys Feuer, wo auch Toma lag. !Au N!a und Di!kao N!a und einige schlafend oder halbwach darum herum sitzend. !Au erzählte lange „Helden-Geschichte", einmal als er eine Kuh mit einem Hammer erschlagen wollte und es nicht klappte, auch einmal als er mit einem Messer einen Löwen erstach. Toma übersetzte ohne eine Extra Aufforderung von sich aus, und ich fühlte mich nicht so ausgeschlossen. Gegen acht gingen wir zum Zelt und er fragte, ob wir Wein trinken könnten. Jeder bekam eine Tasse und später rauchten wir bei offenem Zelt. Ich erzählte ihm von John und seinem Ärger mit Tomaselli und er erzählte von der Arbeit in Amerika und wie es ihm gefallen hätte. Besonders den Eiskunstlauf fand er toll, den er dort zum ersten Mal gesehen hatte. Er arbeitet das erste Mal mit einer Frau zusammen. Er sagte, es wäre aber das Gleiche, wie mit einem Mann, die Form der Arbeit wäre die Gleiche.

4. August 1996 (Sonntag)
/Aotcha: Gespräch mit Gunda Boo und N!ai Gxao
Ich wache immer früher auf, gehe auf die „Buschtoilette". Mit meinen „Tagen" geht es besser als erwartet. Morgens spielen Debe, Klein-Gwi und Dikao in meinem Zelt. Sie wollen, dass ich es von außen verschließe, es geht aber nicht wegen der kaputten Reißverschlüsse. Sonntag ist hier wie jeder andere Tag, die Kids sagen, dass sie neues Gummi (Fahrradschlauch) für ihre Schleudern brauchen; weil einige der Bänder gerissen sind, habe ich jetzt wieder eine andere eigene Schleuder von =Oma und Gwi. Mit den Kleinen gehe ich morgens zum *pan* spazieren, nachdem ich Tagebuch geschrieben habe. Ich gehe gerne dorthin, morgens sind mehr Vögel an der Tränke. Oft dränge ich sie, nicht zu spät zurück zu gehen, um nicht die Zeit für das Gespräch am Mittag zu verkürzen. Wir unterhalten uns hauptsächlich mit Gunda und N!ai. N!ai hat ziemlich stark die Grippe und sie macht einen leidenden Eindruck. Das Gespräch ist oft etwas statisch mit Frage und Antwort, und ich denke manchmal, dass ich die Fragen anders stellen muss, um nicht immer das „Gleiche" zu hören. Es ist schade, dass das Dorf so klein ist, deshalb finden bestimmte Aktivitäten jetzt nicht statt, wie Tänze oder „Heilungen" oder andere „Initiationstänze". Davon sieht man nur etwas, wenn man länger vor Ort ist. Ich denke, dass Gunda im Dorf eigentlich die Per-

son mit der größten Autorität ist, mehr als die Älteste (!U) und „ownerin" des N!ore, Gunda aber mehr als kompetente Person mit Wissen und Autorität. Er drückte seinen Wunsch aus, eine Waffe zu besitzen, vor allem wegen der Löwen, deren Population wohl ordentlich zugenommen hat. Die Leute leben hier zwar mit den „wilden Tieren", aber sie fürchten sie auch sehr. Sie sind sehr vorsichtig und vermeiden den direkten Kontakt mit den Tieren. Die letzten Nächte hörten wir Elefanten an der Wasserstelle (Bohrloch). Es war ziemlich laut und klang viel näher als sie waren. Die Leute sagen, die Elefanten wären aggressiv und gefährlich. Im neuen Dorf waren die Löwen nicht ins Dorf gekommen. Im alten Dorf kamen sie häufiger wegen dem Vieh. Gunda und die anderen verstehen sich als Farmer, sie sagen aber auch, dass die Kühe zur Zeit keine Kälber wegen der Trockenheit haben. Und wenn keine Kälber da sind, hat das Dorf auch keine Milch. Mein Eindruck ist schon, dass die Leute in erster Linie in Unabhängigkeit von Lohnarbeit leben wollen. Die Männer jagen oft, stellen Werkzeug her, reparieren Werkzeug und jagen manchmal die größeren Vögel. Nachmittags ging ich mit den Kids zum *pan*, um Karate zu machen. Zwar fühlte ich mich körperlich noch ziemlich angeschlagen, matt wegen der Erkältung. Aber nachdem ich von Toma hörte, dass sie ihn sooft danach fragten, tat es mir leid, dass ich gedacht hatte, sie hätten schon das Interesse daran verloren. Alle von Debe (3) bis Gwi (15) nahmen teil. Toma und Kunda sahen von den Eseln aus zu. Ich glaube, dass sie sich etwas scheuten, vor den Kleinen als Anfänger mitzumachen. Ich übte alles bisher Gelernte, wiederholte und zeigte ihnen den Maigiri (hohe Fußtritte). Die Kleinen lenkten sich ab und zu ab und schossen zwischen durch nach Vögeln. Ich war etwas streng mit ihnen und sagte, sie sollen nicht dazwischenreden. Oma übersetzte manchmal, bei Karate ist das schön, dass das meiste über das Zeigen läuft und ich sie eher ermuntere, genau hinzusehen. Beim Heimweg gab es einen schönen Sonnenuntergang, und alle sagten, sie wären so hungrig. Ich wollte von den Dosenresten zwei Töpfe voll kochen, ich selbst war auch hungrig. Es gab Reis und Bohnen, Kartoffeln und eine Dose Fruchtcocktail. Ich saß noch eine Weile bei Dikao am Feuer und Toma und ich gingen so gegen 20.30 h, tranken noch eine Tasse Wein und ich schlief fest ein.

5. August 1996 (Montag)
/Aotcha: Gespräch mit Kindern und Jugendlichen

Früh aufgewacht und zum Tamponwechseln gegangen. Ich habe keine Schmerzen und da ich mich immer gleich wasche, ist es auch kein Problem, unter diesen Bedingungen keine Blasenentzündung zu bekommen. Der Husten von einigen ist mittlerweile sehr schlimm. Ich gebe N!ai morgens zwei Tabletten gegen Erkältung, messe ihr Fieber, aber sie hat keine Temperatur. Ich bin froh darüber. Nachmittags gebe ich ihr noch einmal zwei Paracetamol-Tabletten. Ich erwarte dann indirekt, dass andere auch kommen und nach Tabletten fragen oder dass N/ai ihre Tablette teilen muss. Das ist der Grund, weshalb ich ihr nur eine kleine Menge gebe. Ich selbst will nichts nehmen, ich denke, viel Schlaf und Sonne tagsüber wird die Erkältung schon ausheilen und solange die Kleinen mich dauernd anniesen und -husten, kann ich es nicht verhindern. Morgens gehe ich mit Debe, Dikao, und Gwi zum *pan*. Debe ist quengelig und weint dauernd und will nicht von meinem Arm herunter. Ich stelle mich darauf ein, wenn ein Auto kommt, zurückzukehren. Nachdem ich mit den Kids zurück zum Dorf zurückkehre, will ich ich schon packen, um nach Baraka zurückzufahren. Ich frage Toma, ob wir die Kids interviewen können. Da ich bisher nur mit den Älteren gesprochen hatte, wollte ich ihnen die Möglichkeit geben, sich auch mit mir zu unterhalten. Ich wollte wissen, was sie denken, warum ich bei ihnen bin. Anfangs saßen alle dabei, etwas später verteilte sich die Gruppe wieder, wie immer. Manchmal sind es die Mütter, die sie rufen. Ich weiß auch nicht, ob es nicht völlig normal ist für sie, zu kommen, zu gehen, und wieder zu kommen. „Mi u kushe." Ich komme zurück, sagen sie sehr oft. Die beiden Ältesten blieben die ganze Zeit da und sagten das meiste. Mir tat es sehr leid, dass die Kids nicht zur Schule können und verstehe jetzt besser warum sie aber nicht gehen. Die Eltern haben die Autorität über die Kids und wollen, dass die Kinder im Dorf bleiben, was auch verständlich ist. Es ist alles ein Kreislauf und wenn die Kids so werden wollen wie ihre Eltern, dann werden sie das Leben so beibehalten. Aber einige wissen, dass es auch etwas anderes gibt und wünschen sich dies. H/wann/a scheint in Bezug auf ihre Tochter noch anders zu denken; als ich hörte, dass sie meint, ihre Tochter wäre zu jung für die Schule, dachte ich, sie wollen sie bald verheiraten, dann ist es mit der Schule auch vorbei. Es war schön auch mit den Kids zu reden und über ihre Konzeption von Nyae Nyae und was Namibia für sie ist. Sie wussten nicht, was „Afrika" ist und ich versuchte es ein wenig zu erklären. Auch hatten sie noch nie von einer Universität gehört. Sie sagten, ich wäre da, weil ich sie mag und liebe, sie wollen, dass ich wiederkomme. Toma sagte, ich wäre da, weil John mich geschickt hat und wissen wollte, wie es ihnen geht. Gegen 13 Uhr kam das Baraka Auto. Mit dem Wegfahren zog es sich in die Länge, weil einige der Männer noch Vögel essen wollten. Auf dem Weg nach Tsumkwe sahen wir zwei große Elefantenbullen mit großen Stoßzähnen am Gura *pan*. Toma meinte, der eine Bulle wollte uns jagen und sie forderten Gao, den Fahrer, auf, schneller zu fahren. Toma machte vom fahrenden Auto aus Fotos. Es war beeindruckend, diese großen Bullen zu sehen. Das Auto machte unterwegs Probleme, aber sie bekamen es wieder in Gang. Ich weiß nicht, was ich tun würde, wenn die Elefanten uns wirklich angreifen würden. Vom offenen Auto aus hat man sehr wenige Chancen. Wir kamen voll beladen in Tsumkwe an, meine Füße fühlten sich taub an. Das Auto war wieder völlig überladen. In Tsumkwe fuhren

Unterwegs
im Eastern
Bushmanland.

wir zum Shop und ich kaufte vom letzten Geld neues Essen ein. Toma bleibt in Tsumkwe. Ich muss erst in Baraka neues Geld organisieren. In Baraka lernte ich Heather und Paula kennen, ich fragte nach Möglichkeiten, nach Grootfontein zu kommen. Morgen, Mittwoch, fahren zwei Autos und ich kann mitkommen. Paula brachte auch ein Radiophone mit und ich wollte später ein erstes Gespräch probieren. Ich duschte mich, was eine Wohltat, trotz des kalten Wassers war und bezog ein Zimmer im Gästehaus. Auch hier haben einige Erkältungen und Halsschmerzen. Meine Stimme ist fast weg, ich bin völlig verschleimt, aber ich denke, es wird sicher bald besser. Abends kochte, besser gesagt, erwärmte ich eine Dose mit Spaghetti und Fleischbällchen. Paula und Heather gaben mir Weißwein und wir unterhielten uns gut. Paula kennt Belinda und Gareth, auch John. Sie meinte, er wäre „hypersensitive", was Nyae Nyae angeht. Sie sagte, Axel Thomas Name hier zu erwähnen, „wäre wie etwas Schlimmes auszusprechen". Sie war froh, vor zwei Jahren nicht da gewesen zu sein, es wäre furchtbar gewesen. Axel hätte die Leute „nicht gut behandelt", sie angeschrieen, herumgepöbelt. Auch mit Flip Stander hätte es Probleme gegeben, er hätte die Leute ausgenutzt, um seine PhD zu schreiben und einen Film zu drehen. Ich ging gegen acht Uhr schlafen, war wieder müde und will sehen, was ich als nächstes machen kann. Die Zeit wird jetzt wieder knapper. Richard Lee bot mir eine Mitfahrt um den 12. August nach Windhoek an. Das ist mir aber zu früh, ich möchte noch einmal eine Woche nach /Aotcha. Ich denke, dass drei Wochen dort eine gute Zeitspanne sind, plus die Besuche in der ersten Woche.

6. August 1996 (Dienstag)
Baraka, abends Besuch in /Aotcha

Morgens versuchte ich in Baraka J. anzurufen. Der Mann im Radiophone sagte, kein Anschluss unter dieser Nummer. Wahrscheinlich war es, weil der Anrufbeantworter zuhause anging. Ich will es in Grootfontein wieder probieren. Die Kids von Baraka und /Aotcha Koba und Gwi waren morgens schon am Gästehaus und wollten Karate machen. Ich wusch erst meine Wäsche, machte Aufzeichnungen und trainierte dann mit ihnen. Gao, Toma's Bruder war der älteste (ca. 10 Jahre alt), die jüngste war vielleicht 2 Jahre alt. Zwischendurch waren sie alle durstig und wir gingen zur Bohrstelle, um Wasser zu trinken. Ich aß etwas zu Mittag und als ich hörte, dass ein Auto nach /Aotcha fährt, kaufte ich noch für 60 N$ Perlen. Im Tsumkwe Shop kaufte ich noch Zucker, zwei Kaffee und Bonbons. Ich wollte mitfahren, um zu sehen, wie es ihnen geht. Auf dem Weg dahin sahen wir am Gura *pan* drei große Elefanten und einen kleinen Elefanten, 29 Büffel/Gnus und drei Antilopen. Gao Moses stoppte das Auto und ich konnte einige Fotos machen. Es war wunderschön, die Tiere beim Trinken zu beobachten. Die Frauen hatten etwas Angst, ich dachte, hoffentlich ist das Auto nicht kaputt und springt wieder an. Der Grund, warum wir nach /Aotcha fuhren, war, dass wir Mitglieder des Board zurückbrachten. Das Auto war so überladen, es war kalt und sehr eng. In /Aotcha ging ich herum, gab !U den Kakao[46] über den sie sich sehr freuten; ich gab N!ai neue Tabletten, Gunda den Tabak, Dikao den Zucker und N!ai die Perlen. Sie sagte, sie wolle mit ihrer Tochter H//wann/a weiteren Schmuck für mich herstellen. Den Kindern schenkte ich Bonbons und hatte keine Zeit mehr, Toma ein neues Pflaster aufzukleben. Ich nahm noch meine Decke und Mütze, wir fuhren nach Namtshoa und später nach Gakoba. Immer, wenn ich mit Gao Moses unterwegs bin, dauert die Reise lange. Da Renate und Ethel mit waren, konnte ich nicht vorne sitzen. Ich hatte nichts gegessen und war es leid, so gequetscht zu sitzen. Ich sah Namtshoa bei Nacht und es machte einen anderen Eindruck auf mich. Das Dorf ist weiter verstreut, die meisten Hütten sind eingezäunt. Der Gitarrist spielte wieder, die Kinder sahen neugierig, wer auf dem Auto mitfuhr. Wir fuhren dann nach Gakoba. Die Leute haben dort teilweise auch kleine Häuser, alle schienen mir in einer besseren Umgebung als in /Aotcha zu leben, wo die Leute keine Hütten haben und ich nicht weiß, was sie machen, wenn der Regen beginnt im Frühjahr. Wir kamen sehr spät zurück und ich schlich mich ins Haus, meine Taschenlampe hatte auch ihren Geist aufgegeben und ich hatte keine Kerzen mehr.

7. August 1996 (Mittwoch)
Grootfontein

Gegen 5.30 Uhr mit Heather und Paula aufgestanden, weil ich heute nach Grootfontein mitfahren wollte. Ich fuhr mit Tsamkao und Gao und wir verließen Tsumkwe gegen 8 Uhr. Gegen 11 Uhr kamen wir in Grootfontein an. Die Fahrt verlief ohne Zwischenfälle. In Grootfontein ging ich zuerst zur Bank, ich war die letzten Tage immer knapper mit Geld geworden und hoffte, dass ich mit meiner Scheckkarte etwas bekommen könnte. Nach einem Anruf in Deutschland bekam ich mein Geld. Ich ging zur Apotheke, kaufte Inhalier-öl, Hustensaft und eine Art von Pinimenthol. Dann kaufte ich mit Joyce, Shebbys Frau, die ersten Geschenke. Es stresste mich richtig, an alle zu denken und ich hatte die Befürchtung, dass in der letzten Woche die Anzahl der Leute im Dorf noch einmal deutlich ansteigt, weil sie wissen, dass ich da bin und alle etwas zum Abschied von mir erwarten. Ich telefonierte mit J.'s Mutter und mit unserem Anrufbeantworter zuhause. Es war schön, mit ihr zu telefonieren und ich sagte, dass es mir gut gehe. Mittagessen nahm ich im Cafe Steinbach zu mir und es war nett, Eier mit Speck zu essen und Brot, wie eine Kostbarkeit. Dazu trank ich einen Orangensaft und Kaffee. Ich ging meine Geschenkeliste durch und wartete, bis die Geschäfte gegen 14 Uhr wieder öffneten. Gegen 15 Uhr traf ich Paula und Heather. Ich sollte mit Joyce in ihrem Auto mit zurückfahren. Alle drei im vorderen Teil, ich im hinteren Teil mit den ganzen Dingen, die für den Laden in Baraka eingekauft wurden. Gegen 18 Uhr hatten wir auf der Straße ein großes Problem, das Auto blieb stehen, die Lichter gingen zuerst aus. Keine von uns hatte Ahnung von kaputten Autos und wir hatten ein riesiges Glück als 10 Minuten später ein Truck mit drei Männern anhielt, die alles wieder reparieren konnten. Ziemlich müde, aber auch froh, dass alles geklappt hatte, kamen wir in Baraka an, tranken noch zwei Gläser Wein zusammen und kochten ein kleines Essen. Wir gingen früh schlafen und waren so froh, dass alles so gut geklappt hatte.

8. August 1996 (Donnerstag)
Baraka: Tod eines Mädchens, Gespräch mit Gwi und //Kushay Gau

Als ich am Donnerstag morgens nach einem Auto fragte, das nach Tsumkwe fährt, erfuhr ich beim Workshop, dass in der Nacht zuvor ein 5-jähriges Mädchen in Baraka gestorben war. Joseph sagte nur, dass es Husten hatte und dass die Krankenschwester es nicht in die Klinik lassen wollte. Später hörte ich, dass das Mädchen keine Mutter mehr hatte, weil der Vater sie totgeschlagen hatte. Der Vater sitzt irgendwo im Gefängnis und so trug eine Schwester die Verantwortung für das Kind. Gegen 11 Uhr wurde ein Auto mit Decken verhängt und das tote Mädchen kam direkt hinter die Fahrerkabine und wurde in eine Decke eingewickelt. Einige Frauen und Kinder fuhren mit dem toten Kind in den „Norden". Ich fragte Joseph, ob ich mit fahren könnte. Es hieß dann, dass nur die Frauen und das Kind hingefahren würden, das Begräbnis evtl. nachmittags wäre (ein Loch gegraben wird und dass die Leute laut weinen). Ich fuhr bis nach Tsumkwe mit, sie ließen mich beim Laden aussteigen. Ich „giftete" noch Choara an, der mich „antatschen" wollte und stieß ihn weg und sagte, er solle das sofort lassen. Den langen Weg zur Buschleute-Location lief ich allein. Als ich beim Local Government war, hörte ich jemand „Sonja" rufen. Es waren Maria und Toma. Maria und ich gingen dann zum Priester, auf dessen Gelände Di!ai, N!ai, Gwi, N!ai und noch jemand auf dem Boden lagen und ein Schläfchen machten. Toma sprach mit Di!ai und Gwi und sie wollten mit uns zur Location gehen. Beim Pfarrer sind sie manchmal, weil er für die alten Leute kocht und sie Kunsthandwerk für ihn machen, das er in Windhoek verkauft und er ihnen manchmal Schuhe und andere Kleidungsstücke schenkt. Im „Hinterhof" nahmen wir alle Platz und ich begann mit den Fragen. Di!ai und Kushey erzählten sehr schön und ausführlich. Di!ai hat ein besseres Gedächtnis als !U. Ich sollte für sie einen Trip nach /Aotcha organisieren und ich möchte auch, dass sie das nächste Mal mitkommen. Irgendwann ging das Gerücht um, dass die Leute da wären, die die Pensionen auszahlen. Wir gingen dann zusammen zum Local Government. Ich gab Di!ai und Kushey ein Brötchen. Di!ai ging es nicht gut, sie hatte eine starke Erkältung und Husten. Auf dem Weg dahin sah ich Nigel und er lud mich zu einer Tasse Tee ein. Ein Angebot, das ich gerne annahm. Er wollte wissen, wie es mir geht und wie ich vorwärts komme mit meiner Arbeit. Später ging ich selbst zum Local Government und traf Bau und Klein Toma, Kushey und !U, viele Leute waren versammelt. Maria sagte, dass die alten Leute im Moment im Monat 160 N$ Pension bekommen, noch nicht einmal 50,- DM.

Als Toma und ich auf dem Weg zum Shop waren, trafen wir das Baraka Auto. Wir fuhren Tomas Sachen holen, einige Tsumkwe Schleifen und kamen gegen 16.30 Uhr zurück. Ich hatte zwar Paula versprochen, Holz zu holen, unter dem Vorbehalt, dass ich nicht zu spät zurückkomme. Als ich ausstieg, sah ich den amerikanischen Ethnologen Richard Lee, Ida Sasser, Daniel und Karin von der Universität in Windhoek, die angekommen waren. Es war schön, einen alten Bekannten wiederzusehen. Ich duschte mich schnell, ich fühlte mich so „verklebt" und dann brachte mir Shebby einen zweiten Brief von J., den ich in großer Aufregung las. Ich habe mir leider nie die Zeit genommen, lange zurückzuschreiben und die Briefe genauer zu beantworten. Ich habe mehr darüber geschrieben, wie es mir geht … [Auslassung aus dem Tagebuch]. Ich glaube, ich habe einen Ort gesucht und gebraucht, an dem ich „unerreichbar" bin, zumindest wo ich Zeit habe, meinen Gedanken nachzugehen, nicht dauernd herausgerissen werde und sofort immer Antworten liefern muss. Ich schreibe ihm gleich eine Karte „Butterflies are free" mit einer Ju/wa Frau „Tsitsa" und Schmetterlingen von einer namibischen Künstlerin (Isabel van der Ploeg) zurück. Ich gab Paula gleich den Brief, weil sie morgen nach Windhoek fährt und ihn dort einwerfen kann.

9. August 1996 (Freitag)
Baraka: Treffen mit kanadischem/ namibischem Forscherteam (Prof. Richard Lee und Prof. Ida Sasser) Thema: Aids
Gespräch mit Tsamkao=Oma, President of NNFC

Morgens telefonierte ich mit J. mit dem Radiophone und verstand ihn sehr gut. Er hat Post bekommen von … [Auslassung aus dem Tagebuch] und lachte, als ich ihm von den /Aotcha Leuten erzählte, dass sie ihn kennenlernen wollen. Gegen 9.30 bis 11.30 Uhr war ich im Versammlungsraum, weil Richard Lee und seine Forschungsgruppe Gespräche mit dem Management Komitee über „Aids Aufklärung" führten Ein sehr heikles Thema und ich denke Richard kann es nur machen, weil er so gut Ju/wa spricht und ihn viele Leute kennen. Gegen 12.30 bis 14 Uhr sprach ich zum ersten Mal länger mit Tsamkao Bobo, zeigte ihm die Fotos, die ich mithabe; Tsamkao kann gut erzählen, er wollte später mehr auf die aktuelle Entwicklung eingehen, kam auf das Conservancy Konzept zu sprechen und ich sagte, ich würde dies gerne separat ihm besprechen. Er kam gerade aus Genf und London zurück, hatte eine schwierige Reise hinter sich (Benjamin musste ihm ein zweites Ticket kaufen). Ich bin so froh, dass er mit nach /Aotcha geht und wir aus Baraka bald weg sind, wo ein richtiges miteinander arbeiten nur schwierig möglich ist. Es passiert dauernd etwas, Autos fahren durch die Gegend und es gibt immer Unruhe und Unterbrechungen. Die Leute (jüngere Leute) fragten Lee's Gruppe, ob es noch ein Extra Meeting geben könnte über Aids und ca. 20 meist jüngere Leute kamen. Nach der Einführung herrschte zuerst Schweigen und dann wollten sie das „female Kondom" sehen. Ich hatte auch noch nie eines gesehen und ich glaube nicht, dass Frauen es akzeptieren oder mögen werden. Ich weiß auch nicht, wie unter den hiesigen, teilweise schlechten hygienischen Bedingungen dieses Kondom benutzt werden sollte. Außerdem ist es auch unwahrscheinlich teuer. Zu denken, der Preis wäre gut, wenn man ihn in Relation zu dem Lebensunterhalt setzt, kann nur amerikanischen/europäischen Vorstellungen entsprechen. Ich halte eine wissenschaftliche Untersuchung durch das Team Lee in 3-4 Tagen für „Unsinn", weil man keine sinnvollen Ergebnisse bekommen kann. Die Leute, vor allem die Frauen, werden nicht die intimen/schwierigen Dinge ansprechen. Gegen 16.30 Uhr fuhr ich mit Richards Auto und einem Baraka Auto zur namibisch-botswanischen Grenze (circa 25 km) entfernt. Ich war schon von Toma gewarnt worden, dass dort viele Leute betrunken sind, wollte mir aber die Grenze mal ansehen. Gleich hinter Baraka blieb ich mit Lee's Auto liegen, weil er in einen langen Draht gefahren war, der sich in den Rädern verfangen hatte. So kamen wir in der Dämmerung an der Grenze an. Teilweise standen dort Häuser, Zelte und offene Feuer und viele Leute waren zu sehen. Wir fuhren auf einen Platz, auf dem ein großer LKW stand. Sehr schnell erkannte ich, dass dort alle Sorten von Alkohol verkauft wurden. Die Leute waren teilweise schon so stark betrunken. Ich blieb die ganze Zeit in Tomas Nähe, er stellte mich auch einigen Leuten vor. Monika hatte Musik mit und wir hörten am Auto Musik. Ich teilte mit Toma ein Bier. Die Situation war entspannt, von dem Platz aus konnte ich die andere Seite der Grenze sehen. Viele Leute lebten dort im Freien. Später fuhren wir mit beiden Autos direkt an die Grenze. Einige Leute überquerten die Grenze. Ich blieb hauptsächlich mit Monica, Toma, Tsamko Bobo und einigen Baraka Leuten an dem Grenzposten stehen. Wir tanzten auch ein bisschen zur Musik. Eine Gruppe Hereros kam und sang einen Choral, dass sie nach Namibia zurückkehren wollen. Es war sehr kalt, und als Richard gegen 19.30 Uhr zurückwollte, fuhr ich mit. Ich war müde, hungrig und hatte den ganzen Tag schon leichte Kopfschmerzen. Bei Richards Camp kochten wir Suppe und es gab nach vielen Tagen wieder Brot. Es war schön, nicht selbst zu kochen und ich genoss diesen Luxus richtig. Ich spülte mit Ida später das Geschirr ab. Während des Essens unterhielten wir uns über Lees Erfahrungen bei den ersten Aufenthalten. Ich fragte, wie er lebte und was er aß. So wie ich reise, hat er es wohl nur ein einziges Mal gemacht. In der Dobe Region hatte er ein Haus, einen Jäger und einen Koch. Auch dieses Mal reisen sie auf Kosten der amerikanischen/kanadischen Regierung und ich hatte den Eindruck, dass sie sehr gut ausgerüstet waren (4x4 Wheel Drive Auto, Campingaufsatz zum Schlafen zum Schutz gegen wilde Tiere). An ihrem Feuer war es nett und gemütlich. Später war ich aber froh, wieder allein zu sein. Gruppendynamik und immer jede Kleinigkeit mit allen absprechen zu müssen, geht mir manchmal doch schnell auf die Nerven. Ich habe meist keine Lust darauf, mich auf fremde Dynamiken einzulassen, zumal wenn ich weiß, dass ich am nächsten Tag wieder wegfahre. Ida schlief auch im Gästehaus und „rumpelte" noch länger herum. Ich hatte gehofft, es vielleicht wenigstens eine Nacht für mich mal alleine zu haben, trotzdem schlief ich einigermaßen gut.

10. August 1996 (Samstag)
Fahrt nach /Aotcha, Elefantenalarm, das Baby Xama wird im „Busch" geboren

Nach dem Aufstehen um 7h Frühstück in der Sonne alleine und dann begebe ich mich auf den Weg mit Shebby, eine Reisemöglichkeit zu organisieren, später ist dann klar, dass ein Auto nach /Aotcha fährt. Wir wissen nicht, ob wir eine junge Frau (Toma's Schwester !U) ins Mangetti Krankenhaus bringen müssen, damit sie dort entbinden kann, Sie war dort schon zweimal weggeschickt worden. Gegen 10 Uhr fuhren wir völlig überladen mit dem Shop-Auto nach Tsumkwe. Fast die ganze Familie von Tsamkao Bobo war dabei und saß schon im Auto und zahlreiche neue Mitfahrer. In Tsumkwe hatten wir bestimmt 2 Stunden Aufenthalt. An bestimmten Orten kommt man einfach nicht vorbei, der Shop, der *shebeen* gegenüber vom Shop, dann Steyn,

Water Affairs und am Ende waren wir in der Location, um die alte Di!ai (!U's Schwester) und den alten Gwi N!a mitzunehmen. Da es im Moment schon so warm ist, ist eine Reise nach /Aotcha beschwerlicher als sonst. Mit etwas „schlechtem Gewissen" saß ich vorne im Auto, die Mitreisenden saßen völlig zusammengedrückt im hinteren Teil des Autos. Das Gepäck war teilweise schon auf dem Dach platziert. In /Aotcha kamen wir nach 2 Uhr an, nach dem Entladen hatte ich mit Gao, dem Fahrer, eine längere Diskussion, da ich unbedingt Wasser für alle holen wollte. Er wollte, dass ich ihm einen Brief für Shebby schreibe, und ihn noch einmal darum bitte, dass uns am Freitag ein Auto abholt. Ich gab ihm auch drei Zigaretten, um ihn ein wenig zu versöhnen. Die Lösung, dass nur ich alleine Wasser holen kann, lehnte ich ab. Später, als ich das Zelt einräumte, riefen die Kinder „!Go", Elefanten, in der Nähe. Ich kletterte den Baum hinauf, einige waren schon oben und wir sahen sechs Elefanten. Einige der Kinder nahmen meine Kamera (Toma und Guka) und machten vier Fotos von den Elefanten. Nachdem sich die Aufregung gelegt hatte, befestigte ich mit Pattex weitere Bilder der Kinder an Tsamkaos Haus. Sie hatten während meiner Abwesenheit weitere Bilder gemalt und hatten alles in die Kiste gepackt. Ich hatte nicht bemerkt, dass einige Frauen im Dorf „verschwunden" waren bzw. da ich wusste, dass Leute zum Holzsammeln weg gingen, dachte ich, dass dies der Grund für ihre Abwesenheit ist. Etwas später sagte mir Toma, dass seine Schwester mit einigen Frauen (N!ai, Di!kao N!a) im „Busch" wäre, um ihr Kind zu bekommen.[47] Ich begann, zu kochen für 13 Kinder und mich. Dieses Mal sind so viele Leute in /Aotcha, dass ich mich zuerst etwas „gestresst" fühlte. Einige neue Leute waren in der Zwischenzeit angekommen und einige waren noch da, als wir abends auf einen kurzen Besuch vorbeigingen; als ich kochte, kamen die Frauen zurück. N!ai hatte das neugeborene kleine Mädchen namens „Xama" auf dem Arm. Ich konnte es auch sehen, bevor die Frauen mit dem Baby in Tsamkao Bobos Haus verschwanden. Ich aß mit den Kindern, wir teilten noch vier Orangen zum Nachtisch und es war schön. Dieses Mal alles ohne Taschenlampe, aber irgendwie geht das auch. N!ai hatte mir ein neues Armband gefertigt und eine schöne Kette mit einem kleinen Schildkrötenpanzer. Sie zogen es mir an und Toma fotografierte es in der Weise, wie es Filmemacher manchmal tun, die Szene der Übergabe wurde wiederholt. Tsamkao Bobo hatte ein Radio mitgebracht und bot mir an, Nachrichten zu hören. Er ist sehr nett und spricht ein wenig Englisch mit mir. Die Kids leihen sich später das Radio aus und wir tanzen ein wenig am Feuer von !U zur Musik. Auch die alte !U ließ sich zu einigen Tanzbewegungen „hinreißen". Sie freute sich so, dass ich mich beteiligte und es war richtig Stimmung im Dorf. Später rieb ich die alte !U ein mit Pinimenthol und danach noch ca. 15 erkältete Leute, Kinder und Erwachsene. Die meisten haben noch einen starken Husten und ich denke, dass ich unbedingt mehr Hustensaft kaufen muss. Gegen 21.30 Uhr gingen Toma und ich zum Zelt

und tranken noch einen Becher Wein. In der Nacht hörte ich manchmal das Baby weinen und viele Leute, die husteten. Mein Zelt hat jetzt einige Nachbarn. Direkt nebendran schlafen Tsamkao Bobo und seine Familie und wie ich jetzt weiß, ist die Hütte hinter meinem Zelt, Tomas alte Hütte, als er mit seiner ersten Frau hier lebte.

11. August 1996 (Sonntag)
/Aotcha, Wir feiern die Geburt des kleinen Mädchens

Sehr schlecht geschlafen, zu viele Geräusche in der Nacht im Dorf, neue Zeltnachbarn und das Baby. Aber es ist bestimmt wieder nur Gewöhnungssache, bis ich weiß, wer alles hier ist und alle zuordnen kann. Die Zeit morgens im Zelt genieße ich immer, wenn ich bei offenem Zelt noch im Schlafsack liege, manchmal einen Blick nach außen werfe und versuche, mit meinen Tagebuchaufzeichnungen nachzukommen. Di!kao machte mir Feuer und zu diesem Zeitpunkt hatte ich ungefähr zehn bis fünfzehn kleinere Kinder hier. Die Jungen gingen auch nur zum Teil jagen, weil Nigel seinen Besuch angekündigt hat und sie nicht erwischt werden wollen. Ihnen war langweilig, so wollten sie schon mit mir Karate während dem Frühstück machen. Ich hatte aber keine Lust auf „Kindergarten". Später gab ich ihnen Luftballons und sie spielten und hüpften herum, bis sie alle kaputt waren. Zum Teil hängten wir die Ballons noch an die Hütte und machten Fotos. Debe ist ein wenig schräg drauf, vielleicht weil er bei den vielen Kindern zu wenig Beachtung findet. So macht er dauernd „Ärger" mit den anderen Kindern, schlägt und tritt um sich. Ich glaube, er ist einfach „gestresst". Ich war morgens genervt, vor allem, weil sie so laut herumschrien. Toma war wieder auf die Jagd gegangen, ich ging dann mit meinen Fotos zu Di!ai, Kushe und Gwi!N!a und sie erkannten einige Leute. Auf einem der Fotos war auch Di!ais verstorbener Mann Ti!kay und ich merkte, dass sie traurig wurde. Zuerst dachte ich, dass sie schlecht sieht, aber es war mehr, dass die Kids ihr am Anfang nicht die Zeit ließen, in Ruhe zu gucken, bis sie ihnen sagte, sie sollen woanders spielen. Nachdem Toma gefrühstückt hatte, bat ich ihn darum, mit Di!ai und Kushe zu sprechen und Gunda sagte, wir könnten es in der Nähe von ihrem Lagerplatz machen. Ich mag es, wenn Di!ai erzählt. Sie wiederholt wohl viel, sieht mich die ganze Zeit mit wachem Blick an. Als ich den Kindern meine Kamera gab, sagte sie sollen warten, bis wir fertig sind. Ich erklärte ihr, dass ich die Fotos Lorna, Elizabeth und John zeigen möchte und sie dann sehen, dass wir uns begegnet sind und miteinander gesprochen haben. Das Gespräch war relativ lang, fast zwei Stunden und ich gab ihnen danach Tabak und jeweils eine Orange. Die Frauen wollten dann aufbrechen, um Holz zu sammeln. N!ai band mir ihr altes Tuch um. Die Männer gingen mit ihren Jagdsachen auch mit, wie sich herausstellte, um etwas aufzuspüren. Wenn ich es richtig verstand, suchten sie Guinea Fowls (Perlhühner). Ich folgte lange den Männern, verstand zwar nichts, sah aber wie sorgfältig sie Tierspuren interpretierten und immer wieder miteinander diskutierten. Später war ich mit den Frauen allein und wir sprachen über „Haare"; ich glaube, ich fragte sie mit Gesten, ob sie keine Achselhaare hätten. Sie zeigten alle ihre Arme und es waren nur winzige Ansätze zu sehen. Ich zeigte ihnen meine Haare auf den Armen und Beinen und sie meinten, es wäre gut,

In /Aotcha.

sie nicht weg zu machen. Mit Gesten zeigten sie mir, dass sie meine Scham-
haare sehen wollten, alles war sehr lustig, ich sagte „nein", sie waren alle
sehr neugierig. Später gingen wir schwer beladen zurück. Nach einer kurzen
Pause ließ ich mich doch „breitschlagen", im Dorf Karate zu machen. Zuerst
reinigte ich mit dem Rechen einen Platz in der Nähe meines Zeltes. Wir hatten Radiomusik und ich machte mehr Tanzgymnastik. Etwas später OiTsukis,
Age-uke, Shuto-uke bis sie wieder müde wurden, und Partnerübungen. Wie
ich befürchtet hatte, sah das halbe Dorf dabei zu und auch die Herero-Besu-
cher, die mit ihren Pferden gekommen waren und auch im Dorf schliefen. Ich
stellte mich mit dem Rücken zu den Zuschauern und glaube, dass sie später das Interesse verloren. Debe spielte den „Störenfried", er fand zu wenig
Beachtung. Während ich kochte (Kraut, Tomatenpüree und Kartoffeln) hörten die Kids Kassettenrekorder und ich nahm neue Lieder auf. Da auch Größere dazu kamen, waren sie laut und stritten dauernd um die Hierarchie. Ich
wurde wieder schnell davon genervt, weil in der Regel führt dies immer dazu,
dass Kinder weinen, sich mit Sand bewerfen. Toma sagte ihnen, dass ich es
nicht möchte, dass sie dauernd streiten. Sogar Tomas Mutter Kushe sagte,
sie sollen sich „benehmen". Zum Nachtisch machte ich noch einen Topf mit
Kakao mit viel Zucker und sie mochten es alle. Nach dem Spülen wollten die
ersten eingerieben (mit Pinimenthol) werden. Ich begann mit N!ai, dann die
Kinder an N!ai's Feuer (ca. 10 Leute), die alte DI!ai, !U, Gwi N!a, einige der
Älteren gab ich Hustensaft. Vor allem die alten Leute bedankten sich, sie
bräuchten mehr medizinische Betreuung. Sozial haben sie es wahrscheinlich besser als die meisten alten Menschen bei uns. Die Enkelkinder schlafen
mit ihnen auf der Matratze oder auf dem Boden, Leute sind ständig um sie
herum, sie sind mitten von Leben umringt, nicht isoliert. Als ich mit der großen Runde fertig war, setzte ich mich noch an N!ais und Gundas Feuer, die
meisten der jungen Leute waren auch dort und alles war etwas ruhiger. Ich
war, obwohl alle so müde wirkten, um 21.30 h noch fit, vielleicht, weil es zum
ersten Mal wieder so ruhig war, manchmal die schönste Zeit vom Tag. Oma
ging vor mir schlafen, ich war einfach noch zu munter. Mit dem Essen hatte
ich es so gemacht, dass ich Oma und mir eine größere Portion gab und den
Rest mit 15 Kindern teilte. Da ich mittlerweile weiß, dass die Kinder häufig
tagsüber essen, oft auch Maismehlbrei oder Vögel, habe ich kein „schlechtes Gewissen", etwas mehr zu nehmen, da dies nach dem Frühstück meine
größte Mahlzeit ist.

12. August 1996 (Montag)
/Aotcha: Gespräch mit Kushay Gau, Gwi und Di/ai Debe
Schwere Erkältungswelle im Dorf
Die letzte Nacht habe ich wieder gut und tief geschlafen. Das Baby habe ich
nur kurz gehört, tagsüber hört man nichts von ihm. Seine Mutter !U hat wohl

noch Schmerzen und geht auch nur aus der Hütte, um die Buschtoilette auf-
zusuchen. Ich gebe Kushe oder anderen, die in die Hütte gehen, manchmal
Obst oder frische Orangen. Toma brachte mir eine Tasse Kaffee von Di!kaos
Feuer ins Zelt und ich genoss, im Zelt zu sitzen und zu schreiben. Die Kinder
sind zwar in meiner Nähe, ich kann sie hören, aber im Zelt kann ich etwas
abgeschirmter arbeiten. Sie waren am Morgen auch viel angenehmer und
nicht so nervig. Nach dem Waschen kämmten mir einige Kids die langen
Haare, dieses Mal auch Koba und der kleine Toma und Guka. Die Jungs waren
nicht so heftig wie die Mädchen, aber sie mögen es sehr. Nach dem Frühstück fragte ich Guka, der seit dem Wochenende zu Besuch ist und ein bisschen Englisch kann, mir zu helfen, die neuen Leute nach ihrem Alter zu fragen. Wir nahmen einige Familiennamen auf und von Ch//wann/as Familie sah
ich alle Geburtszertifikate und ID Karten. Nachdem Toma gefrühstückt hatte,
gingen wir zu Kushe und Gwi !Na, deren Platz hinter dem Zaun in der Richtung des alten Dorfes liegt. Im Gespräch stellte sich heraus, dass Gwi N!a und
Kushe an Tuberkulose erkrankt sind und der Sohn, der mit seiner Frau und
Tochter bei ihnen lebt, auch an TB erkrankt ist. Wir sprachen erst länger darüber, wie es ihnen gesundheitlich geht, ich wollte auch die Tabletten sehen,
nur der Sohn hatte Medikamente. Ein Päckchen Vitamintabletten und ein
Päckchen Trumoks (?). Gwi sagte, der Hustensaft und das Einreiben hätten
ihm gut getan. Ich denke nicht, dass ich mich bei den Leuten mit TB anste-
cken werde.[48] Im Laufe des Tages überlegte ich, ob dies der Grund ist, dass
diese Familiengruppe etwas „abseits" wohnt und schläft. Beim Gespräch
sprach fast nur Kushe, Gwi war manchmal zu schwach und schlief zwischendurch ein. Auch Debe schlief auf meinem Schoß ein und Toma holte mir
einen Stuhl, weil ich kaum noch schreiben konnte und Debe nicht aufwecken
wollte. Seitdem ich mich wieder mehr um ihn kümmere, ist er viel angenehmer. Ich glaube, er war einfach von den vielen neuen Leuten überfordert; da
ich selbst überanstrengt war, gab es „Übertragungsstress". Unser Gespräch
unterbrachen wir am Mittag als Nigel mit dem Auto auf einen Besuch vorbei-
kam. Er hatte das Wasserloch am *pan* angesehen und sagte „hallo". Ich bat
ihn, Wasser holen zu fahren und mit unbeschreiblich vielen Kanistern fuhren
wir zur Bohrstelle. Ich hielt den Schlauch und füllte die Kanister, beide Schuhe waren danach nass, aber das machte mir nichts aus. Ich hatte Seife und
ein Handtuch mit und nutzte die Gelegenheit, um mich zu waschen. Auch die
Jungs wollten Seife und wuschen sich. Ich hatte schon einen Sonnenbrand
von dem neuen roten T-Shirt. Nigel wollte noch eine Zigarette rauchen und
im Dorf gab ich ihm eine. Wir saßen vor meinem Zelt, ich wollte auch nicht,
dass er sah, dass Tauben in den Töpfen köchelten. Als ich ihm die gemalten
Bilder von den Kindern zeigte, gefielen sie ihm sehr gut. Er stellte fest, dass
sie sehr farbenfroh waren und viel Bewegung zeigten. Auch eine Darstellung von Tieren fand er beachtenswert, er sagte, er würde sich wünschen,

Tiere so malen zu können. Vor allem Kuntas, Gwis Bilder fallen aus dem Rahmen. Er malte wieder neue Bilder, eine Giraffe beim Trinken und eine Schlange auf einem Baobab Baum. Ich sah ihn auch englische Worte schreiben mit einigen der älteren Jugendlichen, die seit dem Wochenende da sind. Als Nigel im Dorf war, machten sich die Leute eher rar, blieben auf Abstand, auch Tsamkao Bobo ließ sich nicht sehen. Nachmittags hatten wir noch ein Gespräch mit den alten Leuten !U, Di!kai, Kushe, dazu brachte Toma noch einen Gaukwi, den sie für mich aufgehoben hatten. Ich aß ihn mit Debe und der kleinen Kushe. Die Leute konnten sich gut an die Zeit von McIntyre erinnern und an Jan Jonker, aber bei Bothe setzte ihr Gedächtnis ein wenig aus.[49] Sie sagten, sie wären alt und brauchen Zeit, um sich zu erinnern. Gegen 16 Uhr machte ich mit einigen Gymnastik, die Konzentration war schlecht, zu viele liefen wieder dauernd weg, gingen zur Buschtoilette, Hühnchen essen, nur Toma blieb und ich übte mit ihm allein. Dann kochte ich Spaghetti und Sauce, ein schnelleres Essen, danach Kakao, den sie alle sehr mögen. Von den erwachsenen Frauen kamen H//wann/ und Di!kao dazu, später !U und Kushe, Toma's Mutter und N!ai und die älteren Mädchen. Zuvor wollten sie hören, was die Kinder am Abend zuvor gesungen hatten, dann wollten sie selbst aufgenommen werden. Sie sangen recht schön und ich wechselte vorher die Batterien, aber die Batterien funktionieren nicht mehr. Ich bat sie noch einmal zu singen und klatschte mit. Es war sehr schön, diese Musik, die mir so vertraut schien, live zu hören. Besonders Kushe und Di!kao fielen mir auf, weil sie sehr musikalisch sind und oft die Initiative ergriffen, neue Lieder zu beginnen. Ich weiß nicht, wie lange sie sangen und tanzten, vielleicht zwei Stunden. Die Jungs zogen sich alle nach und nach zurück, nur die Frauen blieben zusammen, rauchten ab und zu und waren guter Laune. Ich rieb danach noch !U, N!Ai und Di!ai mit Erkältungssalbe ein und gab ihnen Hustensaft. Für die anderen war es zu spät. Mit Toma hatte ich noch ein langes Gespräch über John (Marshall), Megan (Biesele), Robert Hitchcock, Axel Thoma; er half mir, einiges besser zu verstehen. Auch dass die „Mehrheit" der Ju/'hoansi ein Problem mit John im Moment hat und sie fürchten, dass er sich wieder einmischt und zu den Ministerien geht und die Conservancy unterbrechen will, die sie wünschen.

13. August 1996 (Dienstag)
/Aotcha

Morgens war es sehr kühl und ich lag noch lange im Zelt und schrieb bis 7.45 Uhr. Im Dorf sind die ersten Gespräche schon zu hören und da ich jetzt viel mehr Nachbarn habe, bekomme ich auch mehr mit. Besonders Ungka und Gwi sind laut; weniger laut, fast nicht zu hören, ist die Familie von Tsamkao Bobo. Das morgendliche Waschen und Frühstück zubereiten wird immer länger, zumal einige der Kinder meine Haare bürsten und auch ein wenig

Creme für ihr Gesicht bekommen wollen. Nach kurzem Waschen von meiner Kleidung wollte ich mit ungefähr 12 Kindern zum *pan* spazieren gehen. Ich begann schon die Spaziergänge dahin zu vermissen. Dieses Mal waren einige der großen Mädchen mitgekommen. Ich lag auch mit ihnen hinter den Zweigen und sah den Vögeln zu. Seit ich jeden Tag auch einen Vogel zum Essen bekomme, haben sie mich als Mitwisserin „zum Schweigen" gebracht. Ich habe versprochen, gegenüber Nigel nichts zu sagen. Es war heiß und am Zelt gibt es keinen Schatten. Auch meine rechte Hand macht den Eindruck, als wären einige Finger eingeschlafen. Ich weiß nicht, ob es von dem Pinimenthol kommt, das ich abends manchmal auf die Leute reibe, ob die ätherischen Öle dies auslösen, Ich war nach dem *pan*-Besuch so hungrig, dass ich Reis mit Ananas kochte. Toma brachte mir noch ein Hühnchen mit Zwiebeln, die Reste gab ich vier Mädchen, die alles abnagten. Nachmittags gegen 15.30 Uhr setzten wir uns mit einigen Frauen zusammen, mit Kushe (Tomas Mutter), N!ai, Ungka und H//wann/a, und wir sprachen mehr über Themen wie Geburt, Perspektiven, Probleme im Dorf, Status der Frauen. Da ich oft nicht so sicher war, ob ich bestimmte Fragen stellen kann, entstanden manchmal auch Pausen, in denen ich neue Fragen überlegte. N!ai hatte für mich die kleine Schildkröte mit Perlen fertiggemacht und brachte mir auch die Halskette, die sie so lange selbst getragen hatte. Ich gab H//wann/a und N!ai neue Perlen, da die alten vermutlich alle verarbeitet oder aufgeteilt sind. Ich hatte keinen Überblick, was davon noch übrig war. Die Frauen sagten, ich sähe aus wie eine Ju/wa und die Perlen würden mir gut stehen. Kushe bewahrte mich vor dem letzten Streit der Kids während dem Kochen, sie saßen an anderen Feuern verstreut, kamen, als ich sie zum Essen rief. Wir aßen Kartoffeln, Tomatensuppe und Thunfisch, als Nachtisch Orangen und tranken Kakao. Es waren nur acht Kinder und es war sehr angenehm. Vor allem Oma, dessen Mutter in Tsumkwe ist, hilft mir viel, übersetzt auch manchmal, weil er in der Schule schon Englisch gelernt hat. Danach wollten die Kinder noch eingerieben werden. Im Dorf sonst war es schon still geworden. Die meisten schliefen schon, als ich die alte !U noch einrieb. Auch ich ging früh schlafen.

14. August 1996 (Mittwoch)
/Aotcha: Gespräch mit !U Debe, Ungka=Oma, H//wann/a Gunda, Di/ai Debe und Kushay/Qui, Frauen „untersuchen" mich neugierig auf meine Weiblichkeit

Früh morgens war es wieder ziemlich kühl und ich habe noch bis gegen acht Uhr im Zelt geschrieben. Es ist am besten, dies morgens zu tun. Sobald ich anfange, außerhalb und später zu schreiben, kommen Kinder und sehen mir zu und nach einer Weile kann ich mich nicht mehr konzentrieren, wenn z.B. Debe die ganze Zeit auf mir herumkrabbelt. Zum Schreiben gab es keinen

Kaffee, was ich bedauerte. Toma ging früh mit den Jungen und Männern auf die Jagd. Frühstück hatte ich z.T. mit den Kleinen, sie spielen im Moment auch wieder öfter für sich, da mehr Kinder im gleichen Alter hier sind. Während ich frühstückte spielten fünf Mädchen in meinem Zelt und ich musste es provisorisch verschließen. Später wollten sie die Fotos ansehen, die ich mit habe. Als mein Frühstück fast fertig war, kam Di!ai N!a und setzte sich zu mir. Ich gab ihr eine Zigarette und Kaffee zum Trinken. Später auch Hustensaft und sie erzählte ein bisschen. Sie fragte mich Dinge, die ich erst später während des Gesprächs verstand, als Toma es für mich übersetzte. Sie befühlte zuerst ihre Brust und dann meine. Ich hatte schon eine Vorahnung, ob sie nachsehen wollte, ob sie groß oder klein ist, oder ob ich schon eigene Kinder habe oder nicht. Ich mag die alte Di!ai sehr, es war eine natürliche und entspannte Situation zwischen uns. Ich hätte so gerne Worte und nicht nur Gefühle in diesem Moment gehabt. Sie hat ein nettes Lächeln und ist viel ruhiger als ihre Schwester !U . Ich schrieb dann eine Liste mit Dingen, die mir die Größeren aus Tsumkwe mitbringen sollten. Sie wollten mit den Eseln nach Tsumkwe, ich vermute, um Lebensmittel für das Dorf einzukaufen, bin aber nicht sicher. Das Gespräch mit den Frauen fand heute früh statt, die Kinder waren früh zurückgekommen. Wir saßen bei Di!kaos Platz und alle Frauen kamen, Kushe N!a, Kushe, N!ai, !U, Di!ai und H//wann/a. Ich wollte mit ihnen über ihre Wahrnehmung sprechen, wie und was sie von der Welt außerhalb ihres Wohnortes wissen, fragte z.B., wer schon in Windhoek war, wer sich schon außerhalb von Namibia aufgehalten hat, was sie über andere Länder wissen, über andere Ethnien wie die Tswanas und Herero, über die Modehefte und Frauenmagazine, die ich selbst in Baraka gesehen habe, die meisten wären von Renate, Gao Moses Frau. Als ich nachfragte, was Di!ai mich morgens fragen wollte, kamen viele Fragen an mich von den Frauen. Vor allem Di!kao war interessiert zu hören, warum ich keine Kinder habe, ob ich allein sterben will. So hatte ich mir die Frage noch nie gestellt. Choana meinte, ich wäre noch jung genug für Kinder. So wechselten wir die Rollen, sie stellten die Fragen und warteten auf meine Antwort. Di!kao wollte wissen, ob eine Frau das Recht hat, zu bestimmen, wann sie Kinder möchte und wann nicht. Wir sprachen lange miteinander und es fiel mir nicht leicht, die richtigen Worte zu finden, zu erklären, warum ich bisher keine Kinder wollte. Ich sagte ihnen, dass mein Zusammenleben mit ihnen mich positiver stimmen ließ. Wir sprachen auch über die negativen Seiten der Industriegesellschaft, die die Hochglanzmagazine nicht abbilden. Es war ein sehr gutes Gespräch und ein guter Austausch. Sie betonten, dass ich drei Monate hier bleiben sollte und sie mögen es sehr, wenn ich hier bin. Um die Mittagszeit nach dem Tee aß ich Haferflocken und bekam ein Hühnchen mit Zwiebeln gebracht, die Reste gab ich Klein Kushe und Debe. Danach gingen wir mit allen Frauen (außer der alten Kushe und Di!ai) Holz sammeln. Es war wieder so heiß und ich bekam eine Blase von der Axt. N!ai half mir wieder, mein Bündel zu schnüren und ich schlug Holz mit N!ai und Ungka. Auf dem Rückweg machten wir zweimal Pause, die Frauen rauchten und erzählten viel. Als wir zurückkamen, sagte uns Toma, als er auf dem Baum saß, dass ein Reiter käme. Ein Herero namens Joseph Gabeh auf einem schwarzen Pferd. Da alle ihrer Arbeit nachgingen und niemand mit ihm zuerst reden wollte, kam er zu mir. Ich saß mit Debe und Kushe auf dem Stuhl und er sprach mich in Englisch an. Nach kurzer Zeit kamen alle Kinder und standen neugierig neben mir und sahen Joseph an. Er wollte nach Tsumkwe, weil er morgen zum „Gericht" muss. Toma sprach auch mit ihm und er fragte nach Tsamkao Bobo. Nach kurzer Zeit ritt er weiter, vorher machten wir noch ein Foto. Kinder vor dem Pferd und ich auf dem Pferd sitzend. Dann gingen fast alle Wasser holen und ich wusch mich ein wenig, auch H//wann/a wusch sich und wir wuschen einige der Kinder. Bei Debe ist dies fast umsonst. Nach fünf Minuten sieht er wieder aus wie vorher. Danach gab es eine kurze Runde mit Verteilen von Hustensaft. Ich möchte darauf achten, es mindestens einmal am Tag zu machen. Der alte kranke Mann wollte abends mit Pinimenthol eingerieben werden. Er würde seitdem nachts besser schlafen und nicht so oft Husten. Ich wusch noch Wäsche bevor ich mit dem Kochen anfing. Dieses Mal mehr Abwechslung: Kartoffeln, Bohnen und Mais. Fast alle Kinder aßen mit. Wir teilten Orangen und tranken danach Kakao. Ich war froh, dass sie nicht nach „tape" fragten und nur eingerieben werden wollten. Danach ging ich noch zu N!ai, Di!ai und Gwi!N!a und seiner Familie und /Ao, H//wann/as Mann, der auch Hustensaft wollte, und ging früher ins Zelt zurück, wollte

Wir tragen Feuerholz nach Hause.

*Auf dem Pferd von
Josef Gabeh.*

nicht noch an anderen Feuern sitzen. Toma kam später und wir tranken noch eine Tasse Wein. Er wollte wissen, woher der Aids Virus eigentlich kommt und ich versuchte es ihm zu erklären, was ich darüber weiß. Es ist hier in der Region eine relativ „neue Krankheit", die Ju/'hoansi haben noch kein Wort dafür, er sagte, die Leute wären sehr beunruhigt. Mehr Informationen darüber wären wichtig und würde die Verunsicherung der Menschen abbauen helfen. Er erzählte noch von Amerika und ich wollte wissen, wie Leute wie John Marshall und der Filmemacher Peter Baker in Nyae Nyae leben, ob ihr Da-Sein sich von meinem Hier-Sein so unterscheidet. Die Möglichkeit, ein Auto zu haben, macht sicher einen großen Unterschied, ich bin aber auch froh, keines zu haben. So lasse ich mich mehr auf das Leben und die Menschen ein und fahre nicht dauernd durch die Gegend. Die Zusammenarbeit mit Toma hat sich verbessert, er weiß jetzt auch besser, was ich wissen möchte und es ist jetzt normaler, er kommt, macht selbst Vorschläge oder äußert Ideen und nimmt mir einiges an Arbeit ab. Er findet jetzt bessere Zeiten für die Gespräche mit den Frauen des Dorfes (Vielleicht hat auch seine andere Arbeitshaltung etwas damit zu tun, dass seine Eltern zur Zeit mit in /Aotcha leben).

15. August 1996 (Donnerstag)
/Aotcha: Die Bewohner diktieren mir Briefe an die Familie Marshall
Nach dem Frühstück bin ich mit den Kindern zum *pan* gegangen, weil ich dies in dieser Woche etwas vernachlässigte. Gegen Mittag kamen drei Herero in einem Auto vorbei. Toma kannte einen der Männer aus Tsumkwe, die

anderen kamen aus Windhoek. Sie waren gut und teuer gekleidet und sahen sich nach Weideflächen um. Der Besuch war kurz und wie ich später erfuhr, ließen sie eine Flasche Sekt im Dorf und hatten Alkohol dabei. Die Frauen fragten mich nicht nach Geld, weil sie dachten, ich würde es ablehnen, Alkohol für sie zu kaufen. Ich war froh, dass sie mich nicht fragten. Ich war froh, dass ich im Dorf keine offene Situation von Betrunkenheit erlebte. Bei den letzten Besuchen in Tsumkwe sah ich so viele Baraka Leute, die sich bei den Steyn's volllaufen ließen. Ich dachte mir, dass sie einen größeren Teil ihres verfügbaren Geldes zu diesen Leuten bringen, die die vier oder fünffachen Preise für Alkohol nehmen wie in Grootfontein. Als die Herero weg waren, setzten wir uns alle zusammen und die Frauen diktierten mir einen Brief an die Marshall's. Ich sah mit ihren Augen alle Dinge noch einmal und wie beschwerlich es für sie ist, das Wasser zu holen und Holz zu sammeln. Sie bräuchten jemand vor Ort, der stärker ihre Interessen vertritt. Sie fühlen sich „benachteiligt" und ich habe keinen richtigen Vergleich, ob die Situation in den anderen Dörfern auch so „schlecht" ist. Meine Handschrift ist so krakelig, weil Debe mit mir schreibt und Spaß hat, die Schrift zu sehen. Als wir fertig waren, kochte ich für die Erwachsenen Kakao und ich glaube, sie hatten darauf schon gewartet. Ich sagte, dies wäre besser als Alkohol. Gegen Nachmittag kam ein anderes Auto, dieses Mal aus Baraka. Ich hatte zuerst einen Schreck bekommen, weil ich dachte, sie holen uns schon ab. Aber sie beruhigten mich, sie wollten nur nach den Rindern sehen. Sie brachten einige Jungs und mich zur Wasserstelle, wir füllten die Kanister und ich wusch noch einige der Kleinen im Wassertrog. Ich war froh, dass uns diese Arbeit abgenommen worden war. Es ist mittags so heiß, dass niemand auf diese mühsame Arbeit Lust hat. Danach rief Toma alle im Dorf zusammen und wir machten eine Versammlung. In den Morgenstunden hatte ich schon eine Liste mit den Geschenken zusammengestellt, was mir sehr schwer fiel; da viele neue Leute im Dorf leben, wusste ich , dass einige sicher enttäuscht sein werden, weil ich ihnen nichts geben konnte. Vor allem einige der Kinder (Tsamkao's Familie) hatte ich nicht eingeplant. Ich sollte zuerst eine kleine Rede halten und alle sagten auch etwas zu mir, z.B. dass sie mich vermissen werden und erwähnten besonders, dass ich mich so um die Kinder und den kleinen Debe gekümmert habe. Ich wäre jetzt wie eine Ju/wa und gehörte zu ihnen. Ich war sehr gerührt und verteilte die kleinen Geschenke. An !U meine große graue Decke, an Di!ai eine kleinere grüne Decke, N!ai und Gunda die große Decke von mir, Halstücher an Kushe und Di!kao, Ohrringe an N!ai und Ungka, an die Kinder T-Shirts, eine Mütze an GwiN!a, Unterhosen an 6 Frauen. Toma hat mein gelbes Nicaragua T-Shirt bekommen und ein Paar Wollsocken, meine Jeans und meine Halbschuhe. Ein Messer gab ich !Au, der bei dem Gespräch sagte, dass J. !Au heißt, dass dies sein Ju/wa Name wäre. Danach begann ich mit den Kids zu kochen, die ein Riesenfeuer entfachten.

Ich kochte zwei Töpfe voll, Gemüse und Nudeln und süßes Obst, danach gab es Kakao. Ich sollte etwas aufnehmen, die Erwachsenen setzten sich durch, sie wollten ihre eigene Musik von einem der vorigen Abende hören. Später holte Kushe ihre Gwashi[50] stimmte sie und sang mit N!ai zusammen. Danach gingen alle früh schlafen.

16. August 1996 (Freitag)
/Aotcha: Gunda Boo diktiert mir Briefe an John Marshall

Sehr früh aufgestanden, vor 7 Uhr. Ich bat Kushe, einen Kaffee zu kochen und ich begann, das Zelt aufzuräumen, noch einmal zu sortieren, was ich im Dorf lassen wollte. Dann frühstückte ich, die alten Frauen kamen Di!ai, N!ai, !U und ich kochte noch eine Runde Extra Kaffee. Dazwischen rieb ich noch einige der alten Leute ein und verteilte den letzten Hustensaft. In der Zwischenzeit sah ich, dass eine junge Kuh geschlachtet wurde und Gunda war mit dem Schneiden von Fleisch beschäftigt. Toma verletzte sich und kam zwischendurch, damit ich seine Wunde reinigen konnte. Nach dem Packen ging ich mit zehn bis zwölf Kindern zum *pan* und machte einige Fotos von uns/ihnen. Vor allem mit ihren neuen farbenfrohen T-Shirts. Debe war sehr unruhig und schoss Steine auf andere Kinder, er schien müde und wollte den ganzen Weg getragen werden. Als wir zurückkamen, wollte Gunda, dass ich einen Brief an Bau aufschreibe und einen kurzen Brief an John. Alle waren beim Essen und aßen etwas von der Kuh. Ich verteilte die letzten Dinge von mir, aber das Zelt stand noch. Ich möchte es als letztes abbauen. Ich gebe Di!kao meinen Wasserkanister, Ungka und Gwi meinen Kochtopf, meine Not-

In der Umgebung von /Aotcha unterwegs.

ration Maismehl und Zucker an N!ai und Gunda, weil sie häufig für alle Kinder kochen. Salz und Tee an Di!kao und Geld in kleine Päckchen verpackt N!ai (30 N$), Gunda (50 N$), H//wann/a (50 N$) und Di!kao (10 N$). Sie haben mir so viele Armbänder und Halsketten gemacht, dass ich ihnen eine Kleinigkeit geben wollte. Gunda diktierte mir im Schatten einen Brief an John und Megan und sagte, ich wäre jetzt keine „Weiße" mehr. Ich bedankte mich bei Gunda und sagte, sie hätten mich wie eine eigene Tochter behandelt und ich wäre sehr gerne hier gewesen. Ich werde sie auch vermissen und habe es bis jetzt sehr genossen, mit ihnen zu leben und in ihre Gruppe integriert zu werden. Als ich mit Debe im Schatten saß, brachte Toma mir ein Stück Fleisch vorbei, das gut schmeckte. Jetzt sitze ich mit Gwi!N!a und Di!ai im Schatten und wir warten, dass das Auto kommt. Ich hoffe, dass sie genug Zeit mitbringen, dass ich mich von allen in Ruhe verabschieden und das Zelt einpacken kann. Di!ai rief mich zu sich und ich setzte mich zu ihr und !U in den Schatten. Ich mag sie sehr. Sie ist so eine liebe alte Frau, die soviel Herzlichkeit ausstrahlt. Ich brachte ihr meine Isomatte, über die sie sich freute und Gesten zeigten, dass sie gut darauf schlafen wird. !U fragte mich auch nach einer Matte, ich hatte es fast erwartet, dass sie auch eine haben wollte. Di!ai ist viel älter und gesundheitlich (Rückenprobleme) viel angeschlagener, sie ist auch so „zart" und wirkt „zerbrechlich". Klein Toma und Koba kamen dazu und legten sich zu Di!ai auf die Matte. Ich verteilte noch die letzten Dinge und Ungka und Gwi freuten sich über den Topf. Irgendwann gegen 2 Uhr hörten wir ein Auto und es waren die Baraka Leute, die die Kuh und uns abholen wollten. Ich hatte mich schon von Di!ai verabschiedet und sie küsste mir die Hände. !U baute mit Toma zusammen das Zelt ab und dann verabschiedete ich mich von allen. Ich war sehr traurig und konnte meine Tränen nicht zurückhalten. Ich hoffe wirklich, dass ich irgendwann wieder zu den Leuten von /Aotcha zurückkehren kann. Choana fragte mich noch nach Schuhen für sich und N!ai wollte ein Kleid. Aber ich habe nur noch wenig Geld übrig und denke, die letzten Tage in Windhoek werden nicht so günstig sein. Wir fuhren nach Tsumkwe und auf dem Weg dahin sahen wir zwei große Elefanten am Gura *pan*. Wir blieben mindestens zwei Stunden in Tsumkwe, luden die Kuh ab, hielten an Sheebeens und am Shop. Ich war ziemlich genervt von den Betrunkenen um mich herum. Ich mag Tsumkwe nicht, vielleicht weil ich die letzten Male immer die eine Perspektive mitbekam, dass die Leute, wenn sie ein wenig Geld haben, Alkohol trinken, Leute, die ich kenne, eine „Fahne" haben. Ich war in einer anderen Stimmung und so wollte ich nur schnell aus Tsumkwe weg. Gegen fünf Uhr verließ das Auto endlich den Shop und vollgeladen mit Gepäck und Leuten fuhren wir nach Baraka.

In Baraka waren gerade sieben Niederländer auf der Durchfahrt Richtung Botswana angekommen und waren dabei im Gästehaus einzuziehen. Ich hatte schon auf dem Weg nach Baraka gedacht, dass ich auf keinen Fall mit fremden Leuten im Gästehaus übernachten wollte. Ich sagte Toma, dass ich wieder zelten wollte und fragte, ob er mir helfen könne. Ich fragte Tsamgao um Erlaubnis, mein Zelt bei seinem Haus aufzustellen und er stimmte zu. In der Dunkelheit baute ich fast das Zelt alleine auf und richtete es ein. Im Moment ist es nicht so kalt und so ist es nicht schlimm, ohne zusätzliche Decken zu schlafen. Ich hörte, dass Simon, Joseph und Tsamgao nach Windhoek fahren wollten. Toma sagte, er wolle Fußball in Tsumkwe spielen und außerdem würde er Maria vermissen. Er weiß auch, dass ich mit seinem Vater noch sprechen will und wir dies viel zu kurz taten. Ich wusste zu diesem Zeitpunkt noch nicht genau, was ich wollte. Nach Windhoek morgen zu fahren, schien mir zu schnell. Ich wollte lieber erst am Montag fahren. Als ich auf dem Weg zum Gästehaus war, um noch einen Kerzenhalter auszuleihen, luden mich die Holländer ein, mit ihnen zu essen und zu trinken. Simon und Linda saßen schon da und Joseph und Benjamin kamen dazu. Es sind mehrere Ingenieure und Juristen, die meisten kennen sich schon 20 Jahre. Sie boten mir ein Bier an, danach gab es eine Runde Schokolade und Weißwein. Einer kochte Würstchen und Bohnensuppe, Brot gab es auch. Sie brachten mich ein wenig auf andere Gedanken und lenkten mich von meiner Traurigkeit ab. In Baraka ist es jetzt nachts, in Tsamkao Bobos Haus, schon still, dafür gibt es eine laute Party bei Gao Moses. Immer wieder spielen sie den gleichen Song in Afrikaans. Dies ist was ich in Baraka nicht mag, abends ist es immer sehr laut, vielleicht gibt es hier zu viele Musikanlagen und Alkohol und junge Männer. Ich hoffe, dass es irgendwann aufhört, es ist, wie über einer lauten Kneipe zu schlafen.

17. August 1996 (Samstag)
Baraka: Fußballspiel

Gegen 6 Uhr bin ich aufgestanden. Kushe saß schon am Feuer und kochte Wasser, ich gab ihr Kaffee und Zucker und Milch und sie kochte mir eine Tasse Kaffee. Es ist schön, wenn morgens so alle langsam aufwachen und aus dem Haus kommen. Ich weiß nicht, wieviele eigentlich in Tsamgao Bobos Haus leben, mindestens zehn Leute, es können auch mehr sein. Als ich an einem Wochenende die Tapes mit Toma abhörte und zu ihrem Haus kam, war mir aufgefallen, dass die Familie und die Kinder eher zurückhaltend wirkten. Auch hier beim Haus geht es meist ruhig zu, die Mädchen spielen miteinander und helfen bei Kleinigkeiten. Ich hörte, dass beim Fußballplatz in Tsumkwe ein Turnier sein sollte, erst hieß es um 9.30h. Wir kamen um 10.30 Uhr beim Gelände der Kirche an, morgens hatten fast alle Baraka-Arbeiter ihren Wochenlohn bekommen und es war klar, dass Fußball eine untergeordnete Rolle spielen würde, nur die Spieler selbst schienen interessiert, alle anderen verteilten sich schnell in Tsumkwe, beim Shop, bei den Steyn's/ Water Affairs, überall wo es Alkohol gab. Innerhalb kürzester Zeit schwankten die allermeisten. Ich traf Bau, Gao Moses und Toma und wir verbrachten mehrere Stunden zusammen. Bau erzählte von Amsterdam, von Gebäuden und Häusern und ihrer Angst, sich zu verlaufen, den vielen Autos und Straßen, Geschäften und der Prostitution. Wir sprachen länger über Aids und was Bau mit den Leuten in den Dörfern bespricht, was sie fragen und was sie ihnen rät. Sie erzählte auch von Kindern mit entzündeten Augen, was fast immer von Geschlechtskrankheiten käme. Sie stellte mir ihren Mann vor, der auch schwer betrunken war und erinnerte mich daran, dass ich ihn bei Arno gesehen hatte, als er Stroh für die Hütten schnitt und das Dach deckte.

18. August 1996 (Sonntag)
Baraka, Tsumkwe, Tanz und Musik abends in Baraka

Nach dem Frühstück wusch ich wieder meine Sachen. die Mädchen, Hanka und Ungka, halfen mir wieder und hatten Spaß meine Dinge zu waschen. Als ich zu Gao Moses ging, um zu hören, wann er nach Tsumkwe fährt, sagte er, sofort. Er müsste einen Mann nach Gakoba in den Western Distrikt fahren und auf dem Rückweg wollte er Tsamgao, Toma und mich zurück nehmen. Renate und das Baby Gao Moses fuhren mit und ich hatte Lust noch einmal die Chance zu haben, das Dorf bei Tageslicht zu sehen. Ich wollte einfach noch einmal die Landschaft sehen und in Baraka hatte ich nichts mehr zu tun. Shebby und Joyce waren für eine Weile weggefahren, Tsamkao und Toma waren in Tsumkwe und mit den anderen konnte ich mich ohne Übersetzer nicht unterhalten. Auf dem Weg nach Tsumkwe platzte ein Reifen und Royal und Gao Moses wechselten den linken Vorderreifen. Es war wahrscheinlich ein Dorn, der sich in den Reifen eingrub.

Wir fuhren zur Location, nahmen den Mann mit seinem Gepäck auf, es war eine andere Location, mit Zeichnungen von Tieren auf den Häusern. Wir fuhren den langen staubigen Weg in Richtung Namchoa, entlang der Versuchsfarm, und sahen keine Tiere. Es war warm und staubig.

Unterwegs nahmen wir drei Leute mit, die auf dem Weg zu einem anderen Dorf waren. Sie hatten nur wenig Gepäck und drei Hühner dabei.

In Gakoba luden wir das Gepäck ab und verabschiedeten uns von dem Mann. Ich sah ca. 10-12 kleine Lehmhäuser. Die Leute hatten Vieh und Wasser im Dorf. Alles sah „sauber" aus, die Häuser hatten Abstand voneinander und waren mehr in einer Linie gebaut, nicht im Halbkreis.

Die Kinder waren neugierig, kamen zum Auto, sahen was wir geladen hatten. Ich verließ erst relativ spät das Auto, wie ich es oft machte wenn wir in ein fremdes Dorf kamen. Gegen zwei Uhr kamen wir in Tsumkwe an; da Gao Moses bald zurück sein wollte, machten wir nicht die lange Tour durch Sheebeems. Tsamgao und Toma machten einen relativ nüchternen Eindruck. Tsamgao schlief aber auf dem Rückweg. In Baraka sagte Toma, er wolle in Gao Moses Haus schlafen, zog sich zurück und wir arbeiteten nicht mehr zusammen. Abends gegen 17 Uhr kochte ich mit Kushey Feuertopf mit allen restlichen Dosen die ich noch hatte, Mais, Bohnen, Tomaten, Würstchen, Suppe und Reis. Die Kids wollten noch Kakao und wir kochten noch heißes Wasser und gaben den Kids Kakao. Später kamen Kushey und Xama, mit tanzenden Schritten, sangen und hoben Ihre Röcke vorne hoch. Sie trugen darunter größere Perlen „Taschen". Xama hatte zwei wunderschöne Taschen übereinander. Xama, die ich sonst unwahrscheinlich still und zurückgezogen erlebte, sang laut und tanzte, lachte uns zu und war in guter Stimmung. Tsamgao holte zwei lange Reihen von Tanzrasseln aus dem Haus, zog sie an und sang mit den Frauen. Geische, der eine Mann, den ich schon am Vortag mit seiner Lendenschürze sah, kam auch dazu und stimmte mit seinem Gesang ein. Kushey wollte die Musik von /Aotcha hören, aber die Batterien hatten jetzt auch den Geist aufgegeben. Und es war nicht mehr möglich, sie zu hören. Kivit hörte auch die Musik, und kam dazu und sang mit ihnen. Ich klatschte mit und probierte auch ab und zu, mitzusingen. Ich denke, ein Gefühl für die Musik zu haben, und dass ich es auch schnell lernen würde, Melodien wie sie zu singen. Gegen 11 Uhr gingen alle schlafen, davor sprachen sie noch alle miteinander, wahrscheinlich über „Vieh". Ich mag es sehr, sie sprechen zu hören. Sie sprechen oft in Wiederholungen, die anderen Zuhörer sagen oft „Eh", manchmal hören sie sich zu, wiederholen Teile der Sätze und ergänzen es mit „Eh". Es war mein letzter Abend in Baraka. Zuerst hoffte ich, dass ich mit Toma noch ein wenig sprechen konnte, aber es war auch trotzdem sehr nett, noch am Feuer mit Tsamkaos Familie zu sitzen. Auch ohne die Sprache nicht zu verstehen, fühlte ich mich nicht außerhalb ihrer Gemeinschaft.

19. August 1996 (Montag)
Baraka Interview mit Tsamkao Bobo

Morgens frühstückte ich mit Tsamkaos Familie, trank mehrere Tassen Kaffee und Tsamko sagte, er müsse erst in das Büro, um noch Dinge zu erledigen und dann könnten wir miteinander reden und ein Interview führen. Gegen 9 Uhr setzten Toma, Tsamkao und ich uns in den Schatten ihres Hauses und Tsamkao erzählte. Ich stellte ihm Fragen über die Gegenwart, weil ich auch wissen wollte wie er Dinge und die Entwicklungen der (NNFC) Coop heute sieht und einschätzt. Ich hatte nicht erwartet, dass er so negativ zu Shebby Mate eingestellt ist. Er klang sehr frustriert und schien eine Menge Kontrolle verloren zu haben. Er wünscht sich John Marshall zurück. In den Zeiten, als John in der Region war, fuhren sie auf den Dörfern herum, sprachen mit den Buschleuten und er hörte ihre Probleme und versuchte, zu helfen, wo er konnte. Heute gibt es zwar viele Autos in Baraka, aber ihm selbst steht keines zur persönlichen Verfügung und er fühlt sich in Baraka „festgebunden". Er fühlt sich nicht wohl in Baraka um dort zu leben, und ich sah auch den

Unterschied, als er mit seiner Familie in /Aotcha war. Dort ging er fast jeden Tag mit den Männern auf die Jagd, machte Brennholz und war akzeptiert von allen. Baraka ist wirklich ein „künstliches Gebilde". Ich fand das Leben dort auch „nicht organisch gewachsen". Die vielen jungen Männer, die teilweise mit ihren jungen Frauen dort leben und an den Wochenenden ihr Geld nach Tsumkwe oder an die Grenze bringen, fast alle jetzt mit einem lauten Kassettenrekorder oder einer Musikanlage, die Tag und Nacht läuft, und das Leben dort mehr einer spanischen Kleinstadt mit Diskos gleicht. Dann aber die verfallenen Hütten, die für 1,8 Millionen Rand gebaut wurden, 1991, die ohne besondere „Pflege" in einem schlechten Zustand sind. Mit der Zeit sah ich auch mehr und mehr das Gefälle zwischen den „Aktivisten" in Baraka, meistens Weiße, und den Ju/'hoansi.

Wenn es ein Auto nach Tsumkwe oder in ein anderes Dorf gab, nutzten viele Bewohner, sowie ich auch, die Möglichkeit, ein wenig Abwechslung zu erhalten und mitzufahren. Am Ende meines Aufenthaltes in der Region habe ich viele Möglichkeiten und viele Hütten gesehen, in denen Alkohol verkauft wurde, bei Tag und bei Nacht. Am Ende diktierte Tsamkao mir noch einen Brief an John Marschall und endete mit dem Satz, dass er „leidet". Ich hatte auch den Eindruck, dass viele Leute hier die Haltung haben, dass andere für sie etwas tun müssen. Sie stellen permanente Anforderungen an andere, verlieren aber die Möglichkeiten, durch eigene Planungen Dinge selbst voranzubringen und voranzutreiben. Nach dem Gespräch packte ich mit Tsamkaos Kindern, vor allem Gao, das Zelt ein und verstaute alle Dinge im Schatten. Ich gab Kushey, seiner Frau, die letzten Nahrungsmittel, schrieb meinen Brief an J. fertig und wartete auf das Auto nach Tsumkwe.

Morgens beim Frühstück setzte sich Toma zu mir und wollte mit mir über die Zeit und die gemeinsame Arbeit mit ihm reden und ob ich Dinge negativ oder problematisch fand. Wir redeten darüber, dass die Arbeit mit mir ganz anders war, als mit John Marshall oder Peter Baker. Er hätte sich am Anfang oft gewünscht, dass ich häufiger „nein" sagte, da ich ihm sehr viel Freiheit gab, Dinge zu machen. Ich hätte ihn auch nie beschimpft oder mit ihm herumgestritten, und ich sprach über die Zeit, als ich ohne ihn in /Aotcha lebte und es für mich eine große Umstellung war, ohne Übersetzer mit den Menschen zu leben und zu kommunizieren. Auf der anderen Seite hatte ich auch eine Chance, mich in einer anderen Weise auf die Menschen einzulassen, genau hinzusehen und zu beobachten. Die Kinder und Frauen halfen mir dabei sehr. Ich sagte, ich hätte mir oft gewünscht, mehr mit ihm intensiver zu arbeiten, weil ich es auch gewohnt bin, konzentrierter und länger an Dingen daran zu bleiben, wir aber besonders in /Aotcha einen guten Rhythmus mit den Menschen entwickeln konnten. Er sagte, er war froh, dass ich ihn morgens jagen und auch in Ruhe frühstücken ließ. Er sagte, die Leute würden mich sehr mögen, auch, weil ich öfter sagte, dass viele Dinge für mich neu sind und ich wahrscheinlich viele Fehler machen würde, einfach aus Unkenntnis. Er sagte, wie oft in den letzten Tagen, dass wir uns wahrscheinlich nie wieder sehen würden. Er hat Angst, dass er in Tsumkwe getötet wird. Ich weiß nicht, ob er nicht zu sehr dramatisiert, aber ich kann mir schon denken, dass durch die vielen Betrunkenen an manchen Tagen (Gehälter, Auszahlungen, Pensionen) die Gefahr, geprügelt oder totgeschlagen zu werden, relativ hoch ist. Alle betonten immer wieder, dass die anderen Bewohner Tsumkwes, die „sog. Schwarzen", Kavangos und Hereros, meistens die Buschleute nicht mögen und sie oft in Schlägereien verwickeln. Toma wollte von den *shebeens* wegbleiben, das wünschte er sich zumindest. Ich sagte, er solle realistisch bleiben, sie gehörten auch zu Tsumkwe. Wenn er Freunde treffen will, dann dort und sie werden zusammen trinken und nichts anderes tun. Es gibt kein Alternativprogramm in Tsumkwe. So lange er in Tsumkwe bleibt, wird sich an der Art seines Lebens wenig verändern, was ich sehr schade finde. Ich habe ihm immer wieder gesagt, wie wichtig es ist, die Kontrolle über das eigene Leben nicht zu verlieren, und dass er für alles auch selbst verantwortlich ist. Ich sagte auch, dass ich es genoss, mit ihm zu arbeiten, auch, weil wir keine größeren Streitigkeiten hatten und es mir gut tat, nicht mit ihm herumzustreiten, sondern an der Sache/Forschung voranzukommen. Die ganze Familie von Tsamkao kommt nach Tsumkwe, um mich zu verabschieden. Ich hatte gesehen, dass sie sich alle fein gemacht hatten, frische Kleider angezogen hatten. Kushey hatte mir zum Abschied noch eine kleine bunte Kette geschenkt, davor hatte sie mir eine rot-gelb-grüne dicke Kette und Xoara, ihre Schwester, ein gelb-rot-grünes Armband gemacht. Toma hatte ihnen gesagt, dass meine 10 Dollar keine Bezahlung wären, nur ein kleines Dankeschön. Ich hatte auch in /Aotcha den Frauen 10 Dollar für jedes Stück Schmuck gegeben, außer Gunda 50 für das Messer und N!ai 30 für die Schildkröte mit Perlen. Ich hatte seit /Aotcha Kushey (Tomas Mutter) mehr und mehr mögen gelernt, sie hat eine kraftvolle Ausstrahlung, was nicht nur mit ihrer Figur zu tun hat, ihre Art, Dinge zu tun, zu singen, zu tanzen, Gwashi zu spielen; aber auch mit ihrer Familie umzugehen hat mir immer wieder gut gefallen. Ich war in trauriger Stimmung. Wir fuhren zuvor zu einer *shebeen* und Toma sagte, sie wollten mit mir ein letztes Bier trinken. Es war gerade gegen 15:30 Uhr und normalerweise trinke ich um diese Zeit noch keinen Alkohol, vor allem nicht ihr 5,5 %-iges Bier. Aber zum Abschied dachte ich, ist es ganz gut. Wir standen um eine Hütte herum und tranken unser Bier relativ schnell, dann fuhren wir zu Nigel, luden mein Gepäck ab und ich sagte, ich käme in ca. 2 Stunden wieder, weil ich noch Tomas Album in der Location ansehen wollte. Maria hatte es für ihn zusammengestellt. Es waren lauter Bilder aus den Vereinigten Staaten von seinen beiden Übersetzungsaufenthalten bei John Marshall. Bilder von Boston, Cambridge, Peterborough, Washington im Winter und im Schnee. Tsamkao hatte es auch noch nicht gesehen und alle standen um den Wagen herum und waren erstaunt über Tomas dicke Ohrwärmer. Ich sagte, er sähe aus wie ein Amerikaner mit Basketballmütze, Jeans und Turnschuhen. Da ich noch Zeit hatte, fuhr ich noch ein wenig mit ihnen herum, bis sie mich gegen 18 Uhr bei Nigel absetzten. Ich habe mich leider von Tsamkao nicht mehr richtig verabschiedet, er war in einer *shebeen* geblieben, und auch von einigen anderen konnte ich mich nicht richtig verabschieden. Von Toma verabschiedete ich mich noch nicht, da er abends auch zum Essen kommen wollte. Nigel ging weg, um seinen Papagei in Pflege zu geben. Es gab wieder Stromausfall in Tsumkwe und ich setzte mich ins Freie. Das Bier hatte mich etwas betrunken gemacht. Dann, als Nigel und Ingrid kamen, begann ich, zu kochen, Pasta mit verschiedenen Soßen, und Nigel bereitete einen Früchtesalat. Zum Essen kam noch Taylor und wir unterhielten uns noch lange. Ich war mit meinen Gedanken woanders. Die Übergangssituationen sind immer die schwierigsten. Nach dem Essen nahm ich noch ein Bad, Nigel hatte Wasser für mich erhitzt und so lag ich noch 30 Minuten in einer riesigen Badewanne mit heißem Wasser. Es war ein schönes „zwiespältiges" Gefühl, aber ich dachte die ganze Zeit an das knappe Wasser, das wir in der Kalahari hatten und an den Luxus, den ich gerade genoss. Dann ging ich gegen 24 Uhr schlafen in einen großen Raum mit einem Bett und zwei Matratzen und sogar einem Kopfkissen.

20. August 1996 (Dienstag)
Fahrt nach Windhoek

Gegen 6 Uhr erwachte ich mit ganz heftigen Bauchschmerzen. Ich dachte zuerst, es käme von meinen Tagen, die gestern anfingen, aber viel zu früh. Und es war vielleicht von der ganzen Aufregung und Umstellung der letzten Tage. Ich hatte einen schweren Durchfall, den ersten, seit ich in Namibia bin. Furchtbare Schmerzen und ich legte mich danach wieder ins Bett. Gegen 7:30 Uhr stand ich auf und Nigel hatte schon schwarzen Tee gekocht. Ich zwang mich, etwas zu essen und hoffte nur, dass die Fahrt nach Windhoek nicht zu anstrengend werden würde und dass ich nicht dauernd auf die Toilette müsste. Wir packten und ich verstaute die Dinge und gegen 9 Uhr fuhren wir noch zur Location. Ich wollte Toma noch auf Wiedersehen sagen. Anna spielte schon vor der Tür und Maria und Toma lagen noch im Bett auf dem Boden vor Marias Hütte. Ich gab ihnen noch meine kleine Karodecke und die Kochlöffel und sagte kurz auf Wiedersehen und gab ihnen meine Hand, wie es die Buschleute hier machen. Wir fuhren los, mir war kalt, aber es war eine schöne Fahrt nach Grootfontein, wo wir im Kaffee Jakob Rast machten. Ich aß Spiegeleier mit Speck und trank eine Cola. Es ging mir langsam ein wenig besser. Nach einer Stunde Aufenthalt fuhren wir weiter nach Otjiwarongo. Unterwegs sahen wir viele Warzenschweine, eine Giraffe, die an der Straße Laub fraß, einen kleinen Steinbock. Die Straße war leer, staubig und mir ging es ein wenig besser. Wir schwiegen fast die ganze Zeit. Die Geräusche des Landrovers waren sehr laut, so dass eine Unterhaltung nicht möglich war. In Otjiwarongo ging Nigel zur Bank gegen 15:15 Uhr und wir fuhren weiter in Richtung Windhoek. Als wir gegen 17:30 Uhr Windhoek erreichten, mussten wir lange herumfahren, um Süderhof, das Bed & Breakfast Hotel, zu finden. Ich hatte keinen Plan mit mir, wusste nur, dass es im Süden bei Groß-Windhoek lag. Bei Marie war ein junger Mann, der mit uns in die Kruppstraße ging. Alles war ausgebucht. Aber ich hatte, dank Linda, ein Dreibettzimmer bekommen; da Nigel kein eigenes Zimmer bekommen konnte, sagte ich, es wäre für mich ok, das Zimmer mit ihm zu teilen. Es ist ein großes Zimmer mit drei Schränken und separaten Betten. Wir nahmen eine heiße Dusche und gingen in die Diaz-Straße zurück und riefen ein Taxi. Ich rief J. sofort an. ... [Auslassung aus dem Tagebuch] Er erzählte mir von I., dass sie auch das zweite Baby verloren hätte, was mich traurig stimmte. J. telefonierte mit meiner Mutter in der Zwischenzeit und sie hatte einen bösartigen Brustkrebs, aber er wäre jetzt lokalisiert und herausgeschnitten worden. Die Nachricht machte mich sehr betroffen, da ich nicht in ihrer Nähe sein konnte, um ihr jetzt beizustehen. Sie brauche keine Chemo-Therapie und keine Extra-Medikamente einnehmen. J. hätte jetzt wohl die Möglichkeit, eine Stelle in der Kardiologie in Idar-Oberstein zu bekommen, lehnte aber wegen mir ab. Auch hatte er eine Chance, in Birkenfeld eine Stelle zu bekommen, was er auch ablehnte, weil ich nicht nach Birkenfeld umziehen möchte. Seine Pläne sind jetzt im Winter, seine Doktorarbeit zu Hause fertig zu schreiben und sich nicht in eine Situation wie E. zu bringen. Er sagte, ich bzw. wir müssten jetzt nicht sofort umziehen, wenn ich wieder nach Hause komme. Er hatte auch mit unseren Vermietern, den W., gesprochen und wir können im Haus wohnen bleiben, bis wir wüssten, wohin wir gehen. Ich hatte in den letzten Wochen völlig die Angst vor einem neuen Umzug verloren, ich weiß nur, dass ich mich in I-O. so isoliert fühlte und dass ich an anderen Orten nie dieses Gefühl so stark empfand. ... [Auslassung aus dem Tagebuch]. Das Telefongespräch brachte mich wieder stärker an den Beginn meiner Reise zurück und drückte meine Stimmung. Ich fuhr mit Nigel dann zur Independence Avenue und wir gingen zum SPUR und aßen Burger auf dem Balkon. Ich erzählte ein wenig mehr von mir und auch, welche Dinge in meinem Kopf herumgehen. Ich war froh, nicht allein zu sein und später fuhren wir wieder zurück und unterhielten uns noch ein wenig. Ich war müde, spürte meinen Bauch und war froh, dass es mir ein wenig besser ging.

21. August 1996 (Mittwoch)
Windhoek: Besuch der National Library
Die erste Nacht in Windhoek habe ich gut geschlafen. Ich habe mich schon wieder an die Autos, die auf der Kruppstraße entlangfahren, gewöhnt. Natü-

rlich habe ich die Stille im Dorf genossen, aber auch morgens um 5:30 Uhr begannen die ersten im Dorf, aktiv zu werden und ich erwachte morgens immer von den Stimmen der Leute, die ich kannte. Es hat mich nicht irritiert, weil ich auch die Stimmen der Leute und der Kinder zuordnen konnte.

Als Nigel und ich morgens in die Dieselstraße fuhren um zu frühstücken, war dies nicht möglich, weil sich das Auto nicht starten ließ. Es schien, dass das Benzin leer war. So liefen wir zum Frühstück. Marie und Bryan sind zur Zeit in Frankreich und Wim und Bea machen Vertretung. Die Atmosphäre war wieder familiär und angenehm. Nach dem Frühstück setzte ich mich in den Garten und vervollständigte das Tagebuch. Ich möchte keine Lücken haben, weil ich denke, es wird später gut für mich sein alle Tage dokumentiert zu haben. Als Nigel die Dinge mit dem Benzin gecheckt hatte, holte er mich ab und setzte mich in der Stadt ab. Erst ging ich auf die Bank und verbrachte dort mindestens wieder eine Stunde. Alles dauerte unheimlich lange und ich merkte wieder wie ungeduldig ich wurde. Ich ging dann zum PEP, einer Billigklamotten-Kette und kaufte ein blaues T-Shirt und ein paar schwarze Sandalen. Da ich nächste Woche meine alten Schuhe nach Tsumkwe für Toma zurückschicken wollte und es hier sehr warm ist, wollte ich noch ein paar leichte Schuhe. Dann überwand ich mich, ging zur National Library, fragte nach Werner Hillebrecht, der aber nicht da war und ging zum National Archive. Der Leiter, Dr. Kutzner, sprach deutsch mit mir, was mir nicht so leicht fiel. Ich hatte schon am Vortag gemerkt, dass ich auch mit J. länger brauchte, um deutsch zu reden. Ich hatte wochenlang nur Englisch, Afrikaans und Ju/'hoan gehört und die Umstellung braucht etwas Zeit, jedes Mal. Dr. Kutzner erklärte mir das System im National Archive und ich begann, mich langsam einzuarbeiten und schrieb Nummern auf, die mich interessierten.

Es war seltsam, wieder in einer Bibliothek an einem Tisch zu arbeiten. Gegen 5 Uhr ging ich zum Kalahari Sands Hotel um Nigel dort im „Bush-Shop" zu treffen und mit ihm gemeinsam zur Unterkunft zurückzufahren.

Wim gab mir einen Brief von J., der gerade angekommen war und ich setzte mich gleich in den Garten und begann zu lesen. Es war ein unheimlich schöner Brief und ich hatte zu ihm ein Gefühl von großer Nähe. ... [Auslassung aus dem Tagebuch] Die große räumliche Distanz zwischen Deutschland und Namibia hat auch mir sehr gut getan, meine Gedanken zu ordnen und nicht unter einem permanenten Druck zu stehen, mich zu erklären und entscheiden zu müssen. Ich möchte auch einiges zur Klarheit unserer Zukunft beitragen, fühle mich jetzt auch mehr dazu im Stande. In der Kruppstraße duschte ich mich und wir fuhren dann zum SPUR Restaurant, wo David arbeitet, der auch Besitzer von dem Restaurant ist. Ich hatte großen Hunger, trank ein Bier und wir unterhielten uns mit David, der abends bei uns vorbei kam. Gegen 22:30 Uhr fuhren wir zurück zur Unterkunft, unterhielten uns kurz.

Ich war etwas faul zu sprechen und viel zu müde. Meine Periode war wieder zum Stillstand gekommen und ich war nur voll vom Essen und müde.

22. August 1996 (Donnerstag)
Windhoek: Recherchen in der National Library

Nachts schlief ich etwas unruhig, wachte gegen 6:30 Uhr auf und nahm in der Frühe eine Dusche und wusch meine Haare. Ich wollte heute früher in der Bibliothek anfangen, vor allem seit ich hörte, dass sie Samstag, Sonntag und Montag geschlossen ist. Wir frühstückten mit Eve, einer Amerikanerin, die an einem College politische Studien betreibt und fuhren mit ihr in die Stadt. Gegen 10 Uhr begann ich mit der Arbeit im Archiv, die doch sehr langweilig ist. Ich arbeitete mich durch sechs große Stapel von Akten und fand nur einmal einen Hinweis auf die Familie Marshall. Viele Materialien sind in Afrikaans und haben für meine Doktorarbeit keine große Relevanz. Ich muss wahrscheinlich mehr mit dem Computer recherchieren, will mich aber erst durch die alten Ordner wälzen. Gegen 13 Uhr ging ich zu einem Restaurant, das bekannt ist für seinen Griechischen Salat. Danach wieder ins Archiv zurück, um bis 17 Uhr dort zu arbeiten. Ich habe wenig Interessantes für meine Arbeit gefunden und trauerte etwas der Zeit nach. Lieber wäre ich irgendwo im Stillen gesessen, hätte in die Landschaft geschaut, stattdessen zwang ich mich doch, mich durch große staubige Aktenbündel zu wälzen. Ich nahm ein Taxi zurück zur Dieselstraße, Nigel war schon angekommen und unterhielt sich mit Leuten. Ich setzte mich in den Garten und begann zu schreiben. Ich wollte J. einen Brief schreiben, keine Antwort, nur etwas mehr von meinen Gedanken erzählen. Ich fühlte, dass es eine gute Zeit wäre, dies jetzt zu tun. Später fuhren wir dann zum SPUR und tranken etwas in der Bar bis es einen Platz im Restaurant gab. Ich aß dieses Mal Nachos und tat es nicht so hastig wie beim letzten Mal. Die Atmosphäre des Lokals hatte schon etwas sehr Amerikanisches an sich. Die Kellnerinnen rennen die ganze Zeit umher, große Mengen von Essen werden durch die Gegend getragen und die Speisekarte erinnert mich mehr an die Ostküste Amerikas als an ein Restaurant in Namibia. Wir unterhielten uns wieder über „Eastern Bushmanland". Ich bin froh, dass ich nicht so abrupt damit aufhören muss und auch jemanden, der schon lange in der Region arbeitet, von einer anderen Perspektive hören kann. David kam ab und zu kurz vorbei und sagte, dass ich schönen Schmuck trage und meinte, viele kauften sich diesen Schmuck und zu Hause hängen sie ihn in eine Vitrine. Ich sagte, ich täte das sicher nicht. Auch meine Straußeneierketten würde ich ab und zu tragen. Wir fuhren zurück und ich schrieb noch den langen Brief an J.

23. August 1996 (Freitag)
Windhoek: Recherchen im National Archive

Sehr früh aufgewacht, aufgestanden und geduscht. Gegen 7:45 Uhr haben wir gefrühstückt, weil jeder von uns viele Dinge erledigen wollte. Gegen 8:45 Uhr waren wir in der Stadt und ich ging bis 10:45 Uhr in den Park, um den Brief an J. weiterzuschreiben und bei der Post aufzugeben. Im Archiv sprach ich mit Dr. Kutzner und er setzte sich mit mir an den Computer, um über die Marshalls zu recherchieren. Wir fanden zwei Quellen, die sich nachmittags als sehr gut herausstellten. Das Archiv war heute noch leerer als sonst, sehr ruhig. Ich arbeitete zuerst noch die Stapel vom Magistrat Grootfontein durch. Viele Dokumente sind leider in Afrikaans und so kann ich manchmal nur erraten, um was es dabei geht. Gegen 13 Uhr machte ich Pause, holte mir im Continental ein Brötchen und setzte mich in den Park, um zu entspannen. Viele Leute machten Mittagspause. Auch einige Touristen legten sich auf die Wiese, schwiegen sich an, dösten in der Sonne. Überall waren Uniformierte, die alles beobachteten. Morgens beobachtete ich, wie auch ich von Japanern fotografiert wurde, vielleicht dachten sie ich wäre eine Namibianerin. Nach der Mittagspause ging ich zum Archiv zurück. Ich bekam die Marshall-Akten auf den Tisch und las alle möglichen Anträge auf Einreisegenehmigungen. Sie waren aber nicht vollständig. Ich machte Notizen über die Reisen und das mitgeführte Geld. Dann sah ich mir einen Expeditionsbericht an, Artikel, Briefe, die ich im Peabody[51] schon gefunden hatte, einige Dokumente in Afrikaans, und entschied mich, alles Wichtige zu fotokopieren und durchzusehen, wer mit den Übersetzungen noch helfen kann.

Zwischendurch unterhielt ich mich noch mit Dr. Kutzner, dessen Mutter Namibianerin ist. Sein Vater kam aus Deutschland, Dresden, starb während des Zweiten Weltkrieges. Dazwischen kam noch jemand, der nach Fotos suchte, wollte wissen, warum ich im Archiv arbeite. Er meinte, ich würde auch wie eine „Buschfrau" mit meinem Schmuck aussehen. Gegen Ende befragte ich den jungen Mann mit dem Laptop, der die letzten Tage zeitgleich mit mir im Archiv arbeitete. Er stammt aus Wien, ist Ethnologe und schreibt seine Arbeit über den berühmten Nama Witbooi. Er heißt, wenn ich mich recht erinnere, Peter Rohrbacher und reist viel durch die Archive, um Material über Nama zu finden. Er war in Koblenz, Potsdam, an der Witwatersrand Universität in Südafrika und jetzt in Windhoek in Namibia. Ein ungeheurer Aufwand für eine Magisterarbeit und dazu auch eine sehr teure Geschichte. Es war nett, mich mit einem „jungen Kollegen" zu unterhalten, er erzählte mir auch von der gestrigen Tagung der Wissenschaftlichen Gesellschaft mit Werner Hillebrecht; Budack und andere Bekannte waren anwesend. Da ich es nicht wusste, konnte ich auch nicht teilnehmen. Aber ich bin auch nicht hier, um so vielen Dingen, Personen hinterher zu „jagen". Wir setzten uns noch in den Park unter das Witbooi-Denkmal und unterhielten uns über unser Fach und, dass häufig die Vertreter unseres Faches „alte" Leute sind, was eigentlich nicht stimmt. Gegen 17:15 Uhr traf ich Nigel im CNA-Buchladen und wir fuhren zurück. In der Dieselstraße schrieb ich alle Briefe, die /Aotcha-Leute, Tsamkao Bobo mir an John diktiert hatten und morgen will ich an John noch einen kurzen Brief schreiben. Bisher hatte ich nur mit J. Kontakt aufrechterhalten und ich habe Angst, dass ich von den vielen Dingen wieder gleichzeitig in Beschlag genommen werde. Ich war mit meinen Gedanken wieder in /Aotcha und erinnerte mich an die Situation, als wir den Brief schrieben. Danach eine kurze Dusche und wir fuhren wir mit Eve und Ohro mit einem Taxi in die Stadt. Obwohl ich doch schon einige Zeit in der Stadt zugebracht habe, ist es mir nie aufgefallen, dass sich hinter dem Bistro eine Fußgängerzone verbirgt. Ich hatte es auch nicht vermisst. Wir gingen zu Mike's Kitchen und aßen wundervolle Dinge. Eve ist sehr erkältet und hat heute auch fast keine Stimme. Sie stellte mir Fragen zu meiner Doktorarbeit und ich fasste diese ein wenig zusammen. Sie sagte, dass ich intensiv in Nyae Nyae gearbeitet habe und dass das auch ein Ergebnis wäre von der guten Vorarbeit der letzten Monate. Wir unterhielten uns auch über die Hereros, die nach Bushmanland kommen. Ich bin wirklich froh, dass ich das „Privileg" hatte, nicht als „Touristin", sondern als „Forscherin" nach Namibia zu reisen und dass ich auch deutlich gemacht habe, dass ich weder über finanzielle Mittel verfüge noch viele Dinge kaufen und verschenken kann, noch über politischen Einfluss im Land verfüge.

24. August 1996 (Samstag)
Windhoek

Ich habe wieder gut und tief geschlafen. Die Nächte in Windhoek sind viel wärmer als im Norden. Ich habe hier keine Träume, vielleicht, weil ich hier so früh aufwache und dann immer sofort aufstehe und nicht liegen bleibe. Zum Frühstück kamen außer Eve noch Mona und Richard aus Großbritannien. Es war wieder ein langes Frühstücksgespräch. Richard arbeitet in Botswana am Thema Viehzucht und wir diskutierten Wildlife und das Leben in der Tsumkwe-Area. Ich bin etwas müde und gestresst von den ganzen Eindrücken von Windhoek. Vielleicht hatte ich mir doch mehr Ruhe gewünscht, mehr Zurückgezogenheit. Auch die anderen deutschen Touristen sind mir wegen ihres Auftretens unangenehm. Mona und Richard nahmen uns mit in die Stadt. Zuerst schrieb ich im Park einen Brief an Lorna und John Marshall und erzählte ihnen ein wenig von den letzten Wochen. Ich versprach ihnen, mehr zu schicken. Die Leute von /Aotcha hatten mir einen längeren Brief an die beiden diktiert. Ebenso hatte ich jeweils einen Brief von Gunda und Tsamkao dabei. Ich ging zum Postbüro und gab ihre kurzen Briefe auf. Ich schrieb auch an die Familie W. und bedankte mich, dass sie so unkompliziert J. angeboten hatten, dass wir in I.-O. wohnen bleiben können. Ich schätze es sehr, dass sie uns keinen Druck machen. Danach ging ich mit Nigel noch in verschiedene Buchläden und kaufte die neuesten Publikationen über das „Eastern Bushmanland". In der Fußgängerzone waren unheimlich viele Leute unterwegs. Ich wurde wieder angerempelt, das Leben in Windhoek ist so vergleichbar mit unseren großen Städten. Wir waren auch in einem Kartenladen, weil ich gerne eine Karte vom Norden gekauft hätte. Aber was ich suchte, gab es nicht und so ließ ich es bleiben. Zum Mittagessen gingen wir in ein kleines italienisches Bistro und teilten eine Pizza. Es war nett, aber ich bin heute nicht so sozial, mehr in Gedanken bei mir und sehne mich wieder nach Ruhe. Nach dem Essen in der Pizzeria habe ich mich allein in den Park gesetzt, weil ich endlich einen langen Brief schreiben wollte. ... [Auslassung aus dem Tagebuch] Nachdem ich den Brief eingeworfen hatte ging ich zu Fuß von der Stadt zur Unterkunft zurück und versuchte noch, Simon anzurufen, wir wollten abends zusammen ausgehen. Nigel war schon in der Unterkunft und sah Sport. Simon arbeitet in Baraka und ist dort zuständig für die Ausbildung der jungen Buschleute. Sie lernen, Autos und die Wasserpumpen zu reparieren und zu installieren. Simon ist der Ehemann von Linda, die ich ja bereits häufiger im Tagebuch erwähnt habe. Linda ist zuständig für die Koordination der Schulprojekte in der Region. Sie wollen in Tsumkwe eine Werkstatt aufbauen, die dann auch bis Ende des Jahres Fahrzeuge reparieren kann, und streben einen Vertrag mit der Regierung an, damit eben die jungen Leute dort einen regelmäßigen Job und ein regelmäßiges Einkommen bekommen können. Mittlerweile habe ich den Eindruck, dass eine Menge Leute ähnliche Aufgaben in Baraka wahrnehmen wie z. B. die Leute von den Water Affairs Nature Conservation, und oft überschneiden sich diese Aufgaben oder es fühlt sich wirklich niemand für irgendetwas zuständig. Simon und ich unterhielten uns aber meist über private Dinge und ich hatte das Gefühl, dass er auch viel Spaß an seiner Arbeit mit den Ju/'hoansi hat. Er fragte mich, ob ich noch Lust hätte, in ein Pub namens *Thriller* im Township Katutura zu fahren und ich wollte gerne mit. Wir parkten auf einem großen bewachten Parkplatz und er gab ein gutes Trinkgeld, dass ein Mann nach dem Wagen sah und aufpasste. Der Eintritt war frei und wir betraten einen großen Raum, der furchtbar hell war. Anfangs waren wenig Leute da. Es tanzte niemand, was sich aber schnell änderte. Simon war in Tanzlaune und so tanzten wir viel. Ich hatte gesehen, dass viele Frauen und junge Mädchen da waren. Wir waren anfangs die einzigen „Weißen", was sich später ein wenig änderte. Als Simon einmal länger weg war, setzten sich drei Frauen zu mir an den Tisch und leisteten mir Gesellschaft. Als wir später tanzten, waren mehrere Frauen bei uns, lachten uns an und es war eine schöne Atmosphäre. Die Musik war nur Rap und Rave, meist alles im selben Rhythmus. Ab und zu klangen die Worte der DJs, wie die Worte auf einem Jahrmarkt. Ich weiß nicht in welcher Sprache es war, wahrscheinlich aber in Afrikaans.

Die allermeisten Leute waren sehr gut und modisch gekleidet. Viele Frauen trugen Minis, Modekleidung mit Ausschnitt und viele hatten schöne Haartrachten. Kleine Zöpfe mit eingeflochtenem Haar, oft weiße Kleidung, weil das in diesem blauen Licht besser aussah. Ein Mann in Uniform und mit einer Art langen Peitsche, wie man es oft hier auf der Straße sieht, lief ab und zu herum. Ich hatte Spaß, mich wieder zu bewegen. Später fragten mich andere Frauen, ob ich auch mit ihnen tanzen würde und weitere Frauen kamen hinzu und leisteten uns Gesellschaft. Simon hatte sich mit Sandra und Ola ins Freie in den Garten gesetzt. Sandra holte mich, denn ich hatte nur gesehen, wohin sie verschwunden waren, dachte mir aber, dass ich sie später wiederfinden würde. Wir unterhielten uns mit den beiden Frauen, sie sagten sie wären 19 Jahre alt, wahrscheinlich waren sie aber wesentlich jünger. Ich hatte schon den Eindruck, dass eine Menge Frauen mit Simon Kontakt haben wollten und auch ganz offen mit ihm flirteten. Sie dachten wohl, ich wäre seine Freundin und hielten sich deshalb ein wenig zurück. Ich hatte im *Thriller* nur Kontakt mit Frauen, die sich mir näherten und mit mir tanzten. Gegen 24 Uhr verabschiedeten wir uns von den Frauen. Simon gab ihnen noch 10 Dollar, damit sie mit dem Taxi nach Eros in ihre Jugendherberge zurück fahren konnten. Wir fuhren auf einen Hügel, der Katutura von Windhoek trennt, ich rauchte noch eine Zigarette und sah auf die nächtliche Stadt mit ihren Lichtern und hörte die Grundgeräusche von Fahrzeugen. Ich war todmüde von dem Tag aber auch froh, noch einmal in Katutura gewesen zu sein.

25. August 1996 (Sonntag)
Nach 6 1/2 Stunden Schlaf bin ich morgens doch recht frisch aufgewacht. Zum Frühstück kamen noch Eve und Pat aus Australien hinzu. Nigel und ich wollen heute zum Wildreservat Daan Viljoen fahren und ich war froh die Stadt verlassen zu können. Die letzten Tage in Windhoek, in dieser rastlosen lauten Stadt, gingen mir doch sehr auf die Nerven. Ich sehnte mich oft nach der Ruhe zurück, die ich in /Aotcha hatte. Auch in Baraka war ich oft von der lauten Musik, die von verschiedenen Hütten kam, genervt. Vielleicht, weil ich dort nicht ausweichen konnte. Gegen 10:15 Uhr brachen wir auf. Das ganze Reservat lag ca. 30 km außerhalb der Stadt. Auf dem Weg zu Martin und Annemarie Pritz sahen wir ein großes Gnu. Er kam so überraschend in unseren Blick, dass ich nicht schnell genug meine Kamera herausholen und so nur ein Bild vom weggehenden Gnu machen konnte. Martin und Annemarie Pritz arbeiteten zwischen 1980 und 1985 in Tsumkwe, Martin für Nature Conservation und Annemarie in der Schule als Lehrerin. Sie holte verschiedene Bücher aus ihrer Wohnung und zeigte sie uns. Annemarie legte uns Zeichnungen von Kindern vor, die Kinder in der Schule gemalt hatten. Ich erklärte ihnen genau, warum ich nach Namibia gekommen bin, um ihnen auch die Möglichkeit zu geben, mir wichtige Dinge über ihren Kontakt mit John zu

sagen. Aber auch über Dinge zu schweigen. Wir sprachen lange über Tsumkwe in dieser Zeit und sie sahen das Eindringen der südafrikanischen Armee als den entscheidenden verändernden Faktor für die ganze Region. Die wahnsinnig hohen Gehälter, die auf einmal verfügbar wurden und die meisten Leute, die viel Geld in den Alkoholladen trugen, oder sich sonst etwas kauften, wie Kassettenrekorder. Die Kids hätten manchmal 50 Namibian Dollar Scheine gehabt und sich damit Süßigkeiten gekauft. Die männlichen Ju/'hoansi dort hätten fast alle als Fährtensucher für die Armee gearbeitet. Nur ganz wenige waren ja in Kampfhandlungen verwickelt. Die Armee hatte einen Stützpunkt in Tsumkwe, weil sie die Region kontrollieren wollte und auch sehen wollte, ob Swapo-Leute (namibische Befreiungsbewegung) von der Grenze aus Botswana kamen. Das extrem hohe Einkommen hatte einen größeren Einfluss auf das Leben dort als alle Versuche von Leuten wie MacIntyre und den Folgenden, sie sesshaft zu machen. Fast aus jeder größeren Familie damals arbeitete jemand für die Armee und auf einem Bild der Kinder, das Annemarie sammelte, konnte man das Leben in Tsumkwe und die Brutalität, die dort herrschte, sehen. Jemand, der erschossen war, lag z. B. auf dem Boden, das gezeichnete Bild und das „normale" Leben. In der Zeit, als Martin in Tsumkwe war, versuchte er, ein Wildreservat durchzusetzen. Aber er argumentierte, dass er nur im Interesse der Ju/'hoansi handeln wollte. In dieser Zeit wurden mehr Bohrstellen für wilde Tiere gebohrt, um vor allem neue Tiere anzulocken und ihnen eine Möglichkeit zum Trinken zu geben. Ein Elefant trinkt ca. 160 Liter Wasser pro Tag, eine ungeheure Menge für so eine trockene Region (Niederschlag pro Jahr ca. 500 mm). Er erzählte, dass John manchmal wahnsinnig betrunken war und dass auch manche der Ju/'hoansi ihn manchmal blutig schlugen. Der Alkoholmissbrauch von John wurde von vielen erzählt und ich fragte mich, ob dies nicht auch ein Grund für die Zwietracht zu Megan darstellte. Dass Tsamkao Bobo mir sagte, dass Ju/'hoansi John nicht bei ihren Versammlungen als Redner haben wollen, als Zuhörer schon, war hauptsächlich auf seinen Gebrauch von Schimpfwörtern wie „Fuck" und so weiter zurückzuführen. Er ist schon oft in seinem normalen Leben so unkontrolliert mit Worten. Ich habe ein Bild davon, wie er erst reagiert, wenn er betrunken ist. Er scheint einen unheimlichen „Alkoholexzess" gehabt zu haben und ich denke auch, dass ihn das einiges an Respekt der Leute gekostet hat. Martin sagte mir, dass er unwahrscheinlich viel Positives über Lorna und Lawrence Marshall in dieser Zeit in Tsumkwe gehört hätte. Beide, Martin und Annemarie Pritz, verfügten über genaue Kenntnisse über Lornas Ethnographie „The !Kung of Nyae Nyae", die sie auch in ihrem Archiv haben. Martins Interpretation für Johns wahnsinnigen Alkoholmissbrauch war, dass er die Anforderungen, die sein Vater an ihn stellte, übererfüllen wollte. John wäre permanent mit diesem überstarken Vater und seinen Anforderungen (der amerikanische Zeitgeist und die Rollenmodelle für Familien von diesem Stand (wie z.B. die Kennedy's) in dieser historischen Phase konfrontiert gewesen und hätte die Vorarbeit, die Lawrence aufbaute, bis hin zu den höchsten Etagen der Regierung in Südwestafrika/Namibia nicht erfüllen können. Ich denke, dass auch Lorna als Mutter, die ihre Kinder sehr beeinflusste, eine wichtige Rolle spielte. Polly's Interpretation vom Anfang meiner Reise, dass John oft erwähnte, dass seine Mutter vor lauter „Wohltätigkeit" für ihre eigenen Kinder keine Zeit hatte, scheint mir eine wichtige Rolle in dieser Interpretation zu spielen. Mit den Ju/'hoansi, mit denen sie arbeitete, hatte sie nicht nur Arbeitspartner gefunden, die diese Art der Arbeit bis heute lieben, sondern auch „Subjekte" für das Geben, das ihnen mit viel Liebe und Anerkennung beantwortet wurde. In einigen der offiziellen Dokumente im National Archive sah ich, mit wie vielen Dollars die Marshalls teilweise einreisten. 20.000 Dollar und mehr, eine unwahrscheinliche Summe für die damalige und auch für die heutige Zeit. Auf Menschen zu treffen, die sahen, was es alles gab außerhalb ihrer eigenen Welt: Essen, Decken, Güter, Autos, Kleidung. Es war klar, dass sie Bedürfnisse wecken würden, dass die Ju/'hoansi auch so sein wollten wie sie (und warum auch nicht), wenn ich an Lornas schlechtes Gewissen dachte, als sie Kleidung weg gaben und an ihr Gefühl, dass die Würde der Leute verloren gehen würde, bloß weil sie Kleider trugen, und keine traditionellen Felle/Häute; wie oft betonte sie diese Situation mit den Leuten, mit denen sie arbeitete. Dass sie Menschen wie andere sein wollten; gerade wenn man mehr über die Hierarchie der ethnischen Gruppen in Namibia hörte, stellt man fest, dass die Buschleute auf der „untersten" sozialen Stufe der Gesellschaft leb(t)en. Ich meine damit nicht nur materiell, ich meine wie andere sie sehen und auf sie hinuntersehen, sie noch als „Untermenschen" betrachten und auch nicht wollen, dass sie ihr Leben verändern. Johns Befürchtung, dass sie noch mehr entrechtet und von ihrem Land vertrieben werden, war richtig. Vielleicht betonte er einige Aspekte, wie die Viehzucht und Landwirtschaft etwas zu sehr, aber er hat wirklich seine ganze Energie und Liebe für diese Leute gegeben, um ihnen eine Chance zu geben, zu überleben. Vielleicht war es gut, dass diese Kämpfe und Meinungen in den 90er Jahren stattgefunden haben, um vielleicht heute zu einer Form von Conservancy zu kommen, die die Rechte der Menschen in den Mittelpunkt stellt und eine Selbstbestimmung der Leute mitplant und einschließt. Ich weiß nur nicht, ob einige Leute in Baraka die richtigen Sprecher, Vertreter für die Bewohner der Dörfer sind. Ich glaube, sie sind teilweise korrupt, haben nur ihre eigenen Interessen (wie z. B. Gao Moses) im Kopf. Sie haben sich von der Basis schon zu weit entfernt. Auch der permanente Alkoholkonsum von Leuten wie Tsamkao Bobo schwächt seine Kraft und seinen Einfluss und seinen Respekt. Ich habe auch keine direkten Lösungen, aber ich denke, dass die Zukunft und die Konsequenzen von mehr Tourismus und Wildlife wirklich von allen Seiten mit Leuten, die an den Menschen interessiert sind und nicht primär Karriere bei einer NGO machen wollen, wie Nigel und Ingrid und Tsamkao Bobo, diskutiert werden müssen. Die resignierte Haltung von Tsamkao Bobo, seine andere Art, in /Aotcha als Mensch Respekt zu genießen, macht mich traurig. Auch ohne John müssen sie wieder auf die Beine kommen und Frauen wie Dikao und N!ai in /Aotcha sind so wichtig in diesem Prozess. Es wird eine Weile dauern, weil sie nicht schreiben und lesen können, aber sie haben von ihrer eigenen Gruppen von ihrem Dorf ein Verständnis und sie sind nicht so entwurzelt wie einige der Leute, die in Baraka und in Tsumkwe leben. Nachdem wir noch eine Stunde unser Gespräch führten, bei dem ich Aufzeichnungen machte, konnte ich noch in einem Nebenraum ihre private Sammlung von traditionellen Kultur Gegenständen ansehen. Die Kinder von Annemarie und Martin und ich begannen, eine grüne Kiste auszupacken mit Sachen für eine „Windhoek-Show", die Ende September/Anfang Oktober stattfinden sollte. Wir fuhren danach zum Imbiss des Wildreservats. Dort trafen wir noch Mona und Richard und verabschiedeten uns von ihnen. Die beiden fahren nach Großbritannien zurück und Richard wollte auf dem Zeltplatz des Wildreservats übernachten. Gegen halb 4 Uhr brachen wir auf, um den 10 km langen Weg durch das Reservat zu Fuß zu gehen. Ein wirklich schöner, gut ausgeschriebener Weg, der vor allem auf der Höhe entlangführt. Wir sahen unwahrscheinlich viele verschiedene Pflanzen und Bäume. Dauernd veränderte sich der Blick und ich wurde nicht müde, viele Naturfotos zu machen. Es war sehr schön, wieder von der Stadt weg zu sein, keine Geräusche, nur den Wind zu hören und einen weiten Blick zu haben. Wir sahen auf dem Weg nur eine Elendantilope. Das Tier witterte uns nicht und wir konnten es gut beobachten. Ein unwahrscheinlich schönes großes Tier, die schönste Antilope Namibias. Von der Ferne machte ich ein Foto, kaum etwas ist zu erkennen.

Die Tsumkwasi selbst haben viele Geschichten über Elendantilopen und schätzen sie vor allem wegen ihres hohen Fettgehalts. Es tat mir gut, mich mal wieder richtig zu bewegen, herumzukrabbeln, weit in die Landschaft zu gucken und vor allem die Landschaft im Mittagslicht, das schon mit vielen Rotanteile versetzt war, zu sehen. Wir erzählten nicht viel, hatten ein gutes Tempo drauf, weil wir auch zu spät losgegangen waren und hielten nur kurz an, um eine Zigarette auf der Spitze des Berges zu rauchen. Nigel hat fast nie jemand, mit dem er spazieren gehen kann und so geht er gerne mit den Hunden spazieren. Ich habe den Eindruck, dass ihm die Zeit mit mir gut getan hat, dass er oft in seinem Alltag isoliert und allein in Tsumkwe lebt. Er hat niemand, mit dem er ein Gespräch führen kann und wahrscheinlich wird er auch von Leuten, die ihn „kauzig" finden, nicht ernst genommen. Er hat mich immer respektiert und immer die Distanz gewahrt, obwohl wir viel Zeit miteinander verbracht haben. Im Wildpark sagte er, wenn ich das nächste Mal nach Namibia käme, sicher verheiratet wäre und mit Kindern zurückkommen würde, könnte ich im Wildpark wohnen und zeigte mir dann die Bungalows, und dass es für Kinder sehr schön sein kann, die Vögel dort an der Wasserstelle zu beobachten und in der Natur zu leben. Auf dem Nachhauseweg nach Windhoek wurden wir noch von der Polizei und Nature Conservation angehalten, weil Nigel zu schnell gefahren war. Aber er bekam nur eine Verwarnung. Sie haben diese Begrenzung, damit nicht so viele Tiere tot gefahren werden. Wir fuhren zurück und ich zeigte ihm noch meine mitgebrachten Fotos. Leider waren es nur noch die wirklich Unpersönlichsten, die übrig geblieben waren. Alle Bilder mit mir waren in /Aotcha oder Baraka zurückgeblieben und bis auf ein Bild auch alle Fotos, auf denen Lorna und John abgebildet waren. Ich bin gespannt, ob sie ihm, wenn er das nächste Mal seine Besuche bei den Leuten macht, Fotos zeigen, auf denen ich auch zu sehen bin. Nach der Dusche fuhren wir ins Sardinia und aßen Pizza, Lasagne und Griechischen Salat. Der Service war schlecht, die Frau ließ uns keine Zeit und kam dauernd, um zu fragen, ob wir etwas wollten. Das Essen war aber gut und viel. ... [Auslassung aus dem Tagebuch] Nigel erzählte zum allerersten Mal von seiner langjährigen Freundin. Ich war im Sardinia unwahrscheinlich müde, hatte Mühe, manchmal dem Gespräch zu folgen. Die Reise in den Wildpark, die Höhenunterschiede im Land selbst muss ich körperlich noch ausgleichen. Die Gespräche in Englisch sind meist auch anstrengend, vor allem, wenn ich nach so einem 12-Stunden-Tag wie heute und einem langen Spaziergang müde bin. Ich hörte dem Gespräch gut zu und schlief abends dann sofort ein wie Stein.

26. August 1996 (Montag)
Windhoek
Nach dem Frühstücksgespräch diskutierten wir noch vor allem über die Politik im Norden des Landes. Ich verzog mich danach in den vorderen Teil des Gebäudes, stellte einen Tisch in die Sonne und schrieb bis 13 Uhr in meinem Tagebuch. Dann wurde ich wieder hungrig und ging mit Nigel zu einem Takeaway. Wir kauften Toast.

Ich gab Nigel die Papiere, die John mir nach Namibia gefaxt hatte, über seine Gedanken zur Conservancy und auch das Statut der Constitution. Er hatte beides nicht gekannt und wir begannen eine Diskussion, die 2 1/2 Stunden dauerte. Es war ein sehr konzentriertes Gespräch, bis Heike Becker von der Universität kam. Wir wollten später gemeinsam zu ihr fahren. Sie erzählte mir von ihrer Arbeit, die sie gerade machte. Sie schreibt viele Berichte und ist an der Vorbereitung eines großen Meetings zum Thema Sexualität, Prügel in Beziehungen, Vergewaltigung und verschiedene Vorstellungen von Frauen, die in Namibia leben. An der Universität fuhren wir mit ihrem Auto fast in einen Zaun, der neu errichtet war. Wir besuchten eine große Veranstaltung, mit vielen Repräsentanten der Universität. Auch der Unipräsident war anwesend. Es war interessant, die Leute von der Universität zu sehen und zu hören, welche Gedanken sie sich machen zum Thema der "Ehrungen von Helden und Heldinnen". Danach gab es noch ein kaltes Buffet, das von der *Bank of Namibia* gesponsert worden war. Ich unterhielt mich mit einem Professor und sah eine Fotoausstellung, die extra für diese Veranstaltung aufgebaut worden war. Auf einem dieser Fotos über Frauen aus Namibia war die alte !U Debe aus /Aotcha. Es war für mich ein seltsames Gefühl, sie hier an der Universität in Namibia an einer Fotowand zu sehen. Gegen 10 Uhr fuhren Heike und ich wieder zurück zur Unterkunft. Wir waren beide sehr müde. Ich hatte an der Universität einen meiner Ohrringe verloren, was ich sehr bedauerte. Ich wollte mich darum kümmern, ihn wieder zu erhalten.

27. August 1996 (Dienstag)
Windhoek: Besuch National Archive

Beim Frühstück waren wieder unheimlich viele Leute da, die alle zur gleichen Zeit Kaffee und Tee wollten, ein dauerndes Stühlerücken, Bezahlen, Telefongeklingel. Ich fühle mich schon ein wenig genervt. Zuvor hatte Nigel seinen Kram gepackt, weil er zurückfahren wollte. Wir hatten vereinbart, dass wir uns nach dem Frühstück noch einmal über Johns Papiere zusammensetzen wollten und taten dies bis fast gegen 12 Uhr. Jetzt ist es mehr ein Brief an John geworden, aber ich habe in den letzten Tagen doch mehr verstanden, was politisch in dieser Region vor sich geht. Wer an entscheidenden Stellen jetzt handelt und wie das Wechselspiel in den Dörfern zwischen Baraka, Tsumkwe und /Aotcha funktioniert.

Aber auch wie die Kommunikation zwischen den Buschleuten in den Dörfern mit dem Ministry of Environment and Tourism (MET) konkret ausgearbeitet wird und vor allen Dingen, welche Rolle das Local Government darin spielt. Wie also die Politik direkt vor Ort miteinander vernetzt ist. Nigel entschied sich, noch einen Tag länger in Windhoek zu bleiben, da seine Arbeit nicht fertig geworden war. Er setzte mich in der Stadt ab und ich ging zuerst zur Air Namibia, um meinen Rückflug bestätigen zu lassen. Dann besuchte ich eine alte Brauerei und das Kunsthandwerk-Zentrum. Auf zwei Stockwerken gibt es dort handwerkliche Sachen aus Namibia zu kaufen. Ich kaufte nur eine Haarspange und eine Postkarte für H., die in wenigen Tagen Geburtstag hatte. Nach einer kurzen Rast im Park schrieb ich eine Geburtstagskarte und ging dann von 14 – 17 Uhr wieder ins National Archive, um weiter zu recherchieren. Ich suchte in Dokumenten aus den 1950er Jahren, vor allen Dingen über die Nyae-Nyae-Region. Da der Kopierer und der Computer nachmittags viel streikten, arbeitete ich bis zur letzten Minute und fühlte mich danach ziemlich müde und erschöpft, vor allen Dingen, weil wir ja morgens schon diese intensive Interview-Arbeit miteinander geleistet hatten.

Ich ging zum PEP, einem Billigladen, und kaufte noch Verschiedenes ein für die Leute von /Aotcha, was ich ihnen versprochen hatte. Für N!ai ein rotes Kleid, für Ch//wann/a ein blaues Kleid, für Debe und Qui kurze Hosen und für Dikao ein Kleid, für O. einen Schal und einen Schal für mich. Leider konnte ich mit Nigel nicht mehr zurückfahren, weil ich schon so spät dran war. Ich setzte mich daher noch ins Bistro an den Ohrturm und schrieb über den vorherigen Tag. Als ich in die Diaz-Straße kam, hatte Henning Melber vom NEPRU angerufen und mir einen Termin gegeben und eine Email von J. war angekommen. Die Email war nur kurz und er fragte, wie es mir geht und ob ich auch, wenn es kurz wäre, ein wenig über meine Reise erzählen könnte. Da ich mich zu müde und zu verschwitzt fühlte und sehr hungrig war, hatte ich keine Lust, mich in diesem Zustand noch einmal an den Computer zu setzen. Ich ging mich duschen und fuhr später noch einmal mit Nigel zu Mike's Kitchen. Ich kann mich nicht einmal mehr genau an die Unterhaltung erinnern, aber es ging auch um das Leben in Johannesburg, wo er früher lebte. Wir sprachen viel über Leoparden, über Geparden und über wilde Tiere. Ich fragte viel über das Verhalten von den Raubkatzen. Wir sprachen über Musikstile und seinen Lebensstil. Ich nahm ihn wie so oft auf die „Schippe" und sagte, er solle etwas mehr auf sich selbst achten, besser essen, weniger Tee trinken, weniger rauchen, etc. Es war aber mehr Spaß, ich werde niemandem vorschreiben, wie er oder sie zu leben hat. Wir hatten wieder den meinen zweiten verlorenen Ohrring gefunden. Ich schlief sehr schnell ein. Der Tag war ein wirklich voller Arbeitstag und ich sehnte mich wirklich wieder nach etwas weniger Termin- oder Zeitdruck. Auf der anderen Seite will ich mir selbst zu Hause keine Vorwürfe machen, dass ich in Windhoek nur im Park gesessen habe und das emsige Treiben der Independence Avenue beobachtet hatte.

28. August 1996 (Mittwoch)
Windhoek: National Archive, Interview mit Henning Melber, NEPRU
Wieder früh aufgewacht und Nigel packte seine Sachen. Er nimmt meine
Sachen für /Aotcha in eine extra Kiste und möchte sie den Leuten übergeben. Ich schrieb noch einen Brief an die /Aotcha-Leute und bedankte mich
und sagte ihnen auf Wiedersehen. Beim Frühstück war es dieses Mal unge-
wöhnlich still. Bea erzählte, dass sie bei Unicef ein Vorstellungsgespräch
hätte für einen Job mit Kindern und schon sehr nervös wäre. Ich genoss es
richtig, dass niemand Hektik machte. Wir rauchten im Garten noch eine Zigarette und fuhren zum NNDFN zu Wendy. Ich dachte eigentlich, dass ich allein
zur Foundation gehen würde. Aber Nigel wollte mit und fragte, ob er etwas
für sie nach Baraka bringen kann. Wendy gab uns den neuesten Entwurf von
der Conservancy Constitution und wir diskutierten die neuen Entwicklungen
in der Region. Vor allen Dingen auch sprachen wir über Arno Huber, der mit
einer Ju/'hoansi in Tsumkwe verheiratet ist, und wohl seine eigene private
Conservancy betreibt und letztes Jahr auch Löwen und Leoparden geschossen hat. Nigel erzählte auch von den letzten Hereros, die repatriiert wurden und mit über 1000 Eseln nach /Gam kamen. Leider war ich nie in /Gam,
aber es hätte mir wahrscheinlich die Augen geöffnet, welchen Gefahren die
Ju/'hoansi in Zukunft ausgesetzt sind. Wir sprachen auch über Philip Stander und warum die Coop wahrscheinlich am Ende nicht mehr mit ihm zusammenarbeitet. Er hatte wohl an den Treffen und Meetings teilgenommen, später wohl auch individuelle Entscheidungen getroffen für die Region, und das
Neueste ist, dass er mit einem BBC-Team filmen will und die Coop nicht informiert hat darüber. Ich habe bei Wendy noch ein wenig Schmuck gekauft,
Ohrringe, einen Anhänger mit einer Nuss und ein Geschenk für J. Es ist ein
Love-Bow, mit kleinen Liebespfeilen. Der Geschichte nach schoss ein "Bush-
mann" mit einem Pfeil auf den Schatten seiner Geliebten. Wenn sie einen
Pfeil aufhob, liebte sie ihn und zeigte es ihm dadurch. Ich verabschiedete
mich von Wendy und sie bat mich darum, etwas zu schicken, falls ich Veröffentlichungen machen würde. Ich bin froh, neben Toma, der eher schreib-
faul sein wird, noch jemanden in Tsumkwe zu haben, der mich vielleicht auf
dem Laufenden hält und ab und zu den Bewohnern fährt. Es war doch eine
ganz gute Zeit mit Nigel, wenn auch manchmal anstrengend.[52] Er hat, glaube ich, es auch genossen, mit Leuten in der Pension wie Eve und mir inhalt-
lich zu sprechen über Politik, über Privates. Er hat wenig Ansprechpartner
in Tsumkwe und scheint mir doch sehr isoliert. Die letzten Tage habe ich
immer ehrlich meine Meinung gesagt, wenn ich meine Ruhe haben wollte
oder müde war und es war ok.
    Danach bin ich zum MET Büro gegangen, Ministry of Environment and
Tourism, um mir die Broschüren, die Nigel mir am Vortag empfohlen hatte,
kostenlos abzuholen. Diejenigen Informationsschriften, die ich nicht bekam,

kopierte eine Frau aus dem Ordner. Ich habe mich dann in den Park gesetzt, um etwas Kleines zu essen. Es war warm und ich sah und beobachtete die Leute um mich herum. Einige Touristen, aber die meisten waren Leute in ihrer Mittagspause, die auch etwas lasen oder tranken. Gegen 2 Uhr war ich dann bei NEPRU, Namibia Economic Political Research Unit, in der Bahnhofstraße. Ich traf mich dort mit Henning Melber, einem Wissenschaftler, den ich älter erwartet hätte. Er erzählte von den schlechten Erfahrungen, die er gerade in Deutschland erlebt hatte. Er war auf eigene Kosten mit einer Halsmanschette aus dem Krankenhaus in Südafrika in die Bundesrepublik gefahren, um dort seinen Vortrag für eine ausgeschriebene Stelle an der Universität Mainz zu halten. Bisher hat er nichts von Mainz gehört. Er hat zu D. N. und J. H., beides Ethnosoziologen, eine gute Beziehung und ich soll die beiden auch grüßen. Als ich ihm erzählte, weshalb ich in Namibia bin, sagte er, dass er meine Arbeit sehr spannend und gut fände und es ihn freue, dass jemand aus dem Mainzer Institut mal wieder in Namibia arbeiten würde. Da er später nach Deutschland und Schweden fliegen wollte, sprachen wir nur eine gute Stunde. Ich war auch froh, ihn einmal persönlich kennengelernt zu haben, da ich viele seiner wissenschaftlichen Artikel kenne und schätze. Danach ging ich noch von 15 - 17 Uhr ins National Archive und wühlte mich durch die Schlagworte Ju/'hoansi und fand interessante Sachen.

Dr. Kutzner half mir dabei und erzählte von der Begegnung mit Robert Gordon, als es um die große „Kalahari-Debatte" ging.[53] Ich lief dann zu Fuß in die Kruppstraße, duschte mich und ging in die Diaz-Straße, unterhielt mich noch mit Eve, die mir von ihrer Pizza abgab. Ich schrieb dann einen ersten Brief an J. und erzählte ein wenig ... . [Auslassung aus dem Tagebuch] Ich sagte, dass ich einen Brief am Wochenende losgeschickt hatte und dass ich die letzten Tage viel Zeit für mich persönlich gebraucht habe. Wenn ich zurückblicke, habe ich eigentlich wenig Zeit für mich gehabt, dafür viele Gespräche, Archivarbeit und sogar am Wochenende diesen wunderschönen Ausflug in den Daan Viljoen-Park außerhalb der Stadt. Langsam gewöhne ich mich wieder an das Leben in einer Stadt, freue mich aber darauf, nach Hause zu kommen. Ich vermisse die Spaziergänge mit J. und wünsche mir nicht sofort weiteren Trubel zu haben. Schlimm genug, dass ich direkt nach meiner Rückkehr einen großen Bericht bzw. einen Antrag schreiben muss, um meine weitere Finanzierung anzuschieben Aber ich habe innerlich mehr Ruhe, weil ich jetzt besser weiß, was ich möchte.

29. August 1996 (Donnerstag)
Windhoek: Gespräch mit Ben Beytel (MET)
Ich habe gut geschlafen und vor dem Frühstück wusch ich noch meine letzten Sachen für meine Rückreise. Es sind mittlerweile viele Lehrer aus Rundu hier in der Pension und brachten viel Unruhe morgens in die Frühstückszeit.

Ich fuhr mit Eve in den nördlichen Teil von Windhoek, um mich dort mit Ben Beytel vom MET zu treffen. In den spannenden 1980er Jahren war er ein entscheidender Gegner von John Marshall, weil er in der Region ein Wildreservat etablieren wollte. Von 10 bis 12:30 Uhr interviewte ich ihn und hörte seine Sicht der Dinge. Mehr und mehr habe ich den Eindruck, zu verstehen, welche Entwicklungen in dieser Zeit vor sich gingen. Es ist so, als würde sich mir ein neues Feld erschließen. Die Bedeutung der Südafrikanischen Armee und wie sie das Leben in 10 Jahren der Menschen in dieser Region stark beeinflusste, scheint mir ein wichtiges, spannendes Feld für weitere Untersuchungen zu sein. Wie mir verschiedene Leute bestätigten, hat dies offenbar bisher noch niemand intensiv wissenschaftlich erforscht.

Nicht nur die militärischen Strukturen, sondern auch die Rolle der Gelder, die in dieser Zeit in die Region gepumpt wurden, veränderte stark das Sozialgefüge der Menschen, der Buschleute in dieser Region. Die Veränderung z. B. der Rollen von Männern und Frauen, Geschlechterrollen, waren eklatant. Dazu der große Alkoholkonsum, Prostitution, Geschlechtskrankheiten, riesige Verarmung, Niedergang des Bildungswesens. Dies alles hatte sehr, sehr starke Effekte auf das Leben der Menschen, die Gesellschaft und auf die Erziehung der Kinder. Ich habe den Eindruck, dass zuvor keine gesellschaftliche Kraft dieser „Kultur" so zugesetzt hat und sie so beeinflusst hat und transformiert hat (teilweise zerstört hat) wie dieser Krieg und das Einrichten der Armee-CamS. Als ich N!ai fragte, wie sie sich an die späten 70er Jahre erinnerte, war das ein anderes Bild als das, das ich von dem Film mit ihr hatte.

Ben Beytel sprach auch positiv über Elisabeth, die er in den 1980er Jahren traf, weil sie dort Forschungen im Etosha-Nationalpark vorangetrieben hatte. Die polarisierten Meinungen zwischen John und Beytel schienen sich angeglichen zu haben im Laufe der Zeit und ich sah, wie wichtig es war, dass John seine Oversea-Aktivitäten entfaltet hatte, um der damaligen Interim-Regierung mehr Druck zu machen. Ich denke es war ein gutes Gespräch mit Beytel und er wich meinen Fragen nicht aus, sprach langsam, dass ich alles mitschreiben konnte.

Ein Beamter vom Ministerium brachte mich in die Stadt zurück und ich ging noch zum MET-Office, um die letzten Publikationen einzusehen. Ich entschied mich, sie nicht kopieren zu lassen, es war einfach zu speziell und die Informationen über die politische Entwicklung hatte ich bereits von anderen Veröffentlichungen. Zwischen 14 und 17 Uhr ging ich noch ein letztes Mal zum National Archive und recherchierte die Begriffe „Ju/'hoansi und Tsumkwe Foundation, Sprache Bushman" und anderes. Ich fand interessante Literatur, konnte aber nur einen Teil einsehen. Herr Dr. Kutzner hatte mir aber eine Liste ausgedruckt. Ich arbeitete wieder sehr konzentriert und schnell und am Ende bedankte ich mich für Dr. Kutzners Unterstützung und Hilfe.

Kurz vor 17 Uhr telefonierte ich mit J. und ich war froh, seine Stimme wieder zu hören. Er hatte meinen langen Brief bekommen und sagte, dass es ein schöner Brief war. Als ich ihm sagte, dass ich morgen Abend fliege war er überrascht. Von meinem Ticket aus war es nicht zu sehen, wann ich ankommen würde. Er dachte Samstag um 19:35 Uhr, aber ich komme am Samstag bereits gegen 6:15 Uhr an. Ich versprach, ihn noch einmal anzurufen. Dann ging ich mit Eve zur Kaiserkrone und wir hatten ein schönes italienisches Essen. Wir unterhielten uns sehr gut über ihre Arbeit, Leben in Ohio, warum sie als Jüdin nicht nach Deutschland kommen will, über ihre lange Beziehung und ihren langjährigen Freund, über meine Pläne, auch Kinder zu bekommen, über meine bisherige Arbeit, die sie gut findet. Sie bezahlte wieder den größeren Teil der Rechnung und auch einen größeren Teil des späteren Taxis. Ich packte meinen Rucksack in der Kruppstraße, weil ich morgen noch um 9 Uhr ein Gespräch mit Axel Thoma verabredet habe. Ich habe doch in den letzten Tagen viel Papier gesammelt, obwohl ich das nicht wollte.

So sah ich alles noch einmal durch, um Dinge wegzuwerfen, aber auch, um zu wissen, was ich eigentlich mit nach Deutschland zurücknehmen wollte. Gegen 20 Uhr ging ich noch zu Marie und Brian, die heute aus Frankreich wieder zurückgekommen waren. Ich wollte ihnen noch Hallo sagen und noch einmal zu Hause anrufen. Sie hatten zwar schon abgeschlossen, öffneten aber noch einmal und wir saßen noch eine Stunde in ihrem Wohnzimmer. Gegen 21:15 Uhr ging ich zurück und hoffte, dass die Lehrer von Rundu nicht mehr so einen Krach machen. Es sind mehrere Männer und sie benehmen sich sehr laut.

30. August 1996 (Freitag)
Windhoek: Gespräch mit Axel Thoma (Direktor NNDFN)
Nachts schlief ich etwas unruhig. Ich war am Morgen froh, dass ich schon alles gepackt hatte. Ich fühlte mich in einer Stimmung, dass ich dachte, ich habe hier meine Arbeit gemacht und freue mich, jetzt wieder zurückzufahren. Ich wachte gegen 7:30 Uhr auf, die Mitbewohner vom Rundu-College waren auch schon munter und ich hörte die Toiletten- und die Duschgeräusche. Ich ließ meinen Rucksack zurück und nahm nur den kleinen Rucksack und meine Jacke mit in die Diazstraße zum Frühstück. Ich unterhielt mich mit Maria und einem Franzosen aus Marseille.

Ich konnte mit Eve in einem Taxi in die Stadt fahren. Sie wollte dort zur Amerikanischen Botschaft und ich war ja um 9 Uhr mit Axel Thoma in der Kaiserkrone verabredet. Zuerst saß ich allein, erkannte ihn sofort, weil ich ja die Filmaufnahmen vom *Review* kannte. Zuerst dachte ich, er möchte meine Anwesenheit nur benutzen, um ein Forum für seine Meinung über John zu haben. Siehe Gesprächsprotokoll im kleinen grauen Buch, das ich zusammengefasst habe. Kurz zusammengefasst: Er hält John für einen „alkoholkranken, gebrochenen, zerrissenen Mann", der durch seine Arbeit in den 90er Jahren eher Prozesse im östlichen Bushmanland behinderte als förderte. Axel gab den Eindruck, dass John oft die Leute aufhetzte, umstimmte und mit ihnen Stimmung gegen das Board machte, dass er manchmal kurz nach Namibia kam und einfach wieder verschwand. Ich hörte auch von einer Kushey aus Gabashey, einer 35-jährigen Frau, die mit John wohl eine Beziehung führte oder evtl. immer noch hat, von Alkoholexzessen, von Fricky's Rolle, Alkohol zu beschaffen, von seinem Verhältnis mit Bao, der Krankenschwester, ich hörte über Megan und Johns Zusammenarbeit, die John mehrere Jahre total dominierte und von der ich jetzt den Eindruck habe, dass Megan sich genug internationale Anerkennung verschafft hat und zurecht gegen John opportuniert. Dass mehr Ju/'hoansi mit Johns „Ton" und „Trinkerei und Filmen" Probleme hatten, hörte ich ja auch schon von Tsamkao Bobo und von meinem Übersetzer Toma Leon. Ich meine, sie nahmen ihn immer in Schutz, schließlich trinken sie auch gerne und sind befreundet miteinander. Vielleicht lernte John die letzten Jahre, dass die Ju/'hoansi auch für sich selbst sprechen wollen; die Art und Weise wie sie Conservancy jetzt angehen zeigt, dass sie sich nicht mehr von ihm beeinflussen lassen wollen. Er kann es nicht verhindern und sollte vielleicht lieber sein eigenes Projekt fortsetzen. Ich hatte während des Gesprächs auch Gedanken wie gut es war, dass ich kein Auto und keinen Alkohol hatte. Die fünf Liter in meinem Zelt habe ich von Anfang an bis zum Ende „geheim gehalten" und hatte, wie ich schrieb, viele Bauchschmerzen damit. Auch Leute wie Peter Baker, die mit riesigen Mengen Alkohol und Filmausrüstung in das Gebiet einreisen, sind ein schlechtes Beispiel. Das Gespräch mit Axel war anfangs provokativ, hatte aber dann über fast 3 Stunden einen sachlichen Ton. Ich weiß jetzt mehr Hintergrund über das RADAR-Meeting von 1994 und die Darstellung von John ist vielleicht zu kurz geraten bzw. für das Preview viel zu lang.

Es ist falsch sich nur auf die 1990er Jahre zu konzentrieren, weil nicht nur Axel sondern auch Tsamkao Bobo mir bestätigten, wie viel für die Leute dort in der Region gemacht wurde. Einige in Baraka haben ein sehr funktionales Verhältnis zu den Beratern (Advisors), was ich über Shebby Mate am Ende hörte, glaubte ich auch nur teilweise.

Die Diskussion zeigte eher die Linien, wer ist ein Ju/'hoansi und deshalb ist die Diskussion zum Teil an den Haaren herbeigezogen. Axel hatte über Richard Lee eine sehr negative Meinung, sagte er wäre ein ... [Auslassung aus dem Tagebuch], der jedes Jahr mit einem bezahlten Trip nach Namibia/Botswana kommt, kurz zwei bis drei Wochen oder noch kürzer da ist, einen Artikel schreibt und wieder abfährt (womit er vermutlich Recht hat). Ich hatte den Eindruck, dass Axel ein sehr pragmatischer Mensch ist, der weiß was er will und bis in die oberste Regierungsstelle kämpfen kann. Da er jetzt weiter mit den San-Leuten im südlichen Afrika zum Thema Menschenrechte arbeitet, denke ich, dass seine Arbeit nicht unter seinem Interesse für die Buschleute gelitten hat. Auch Bobo und Benjamin trafen Axel in Genf und fragten ihn, ob er wieder für sie arbeiten wolle. Nach dem Gespräch setzte ich mich in den Park und machte eine Art Gedächtnisprotokoll. Während des Gesprächs hatte ich es bevorzugt, nur zuzuhören und Notizen zu machen.

Als ich auf dem Weg zurück war, sah mich der Taxifahrer von gestern und fuhr mich ohne Geld zu Maries Haus. Ich habe mich zuerst noch über eine Stunde in den Garten gelegt, gegessen und geschrieben. Eve kam vorbei und verabschiedete sich noch einmal von mir. Es war entspannend, noch ein wenig in Ruhe zu liegen. Ich habe bezahlt und gegen 16:30 Uhr den Taxifahrer angerufen, der mich abholte und zum Taxistand fuhr. Der Bus war schon da und Eve war auch noch einmal gekommen, um alles Gute zu wünschen. Eine ruhige Fahrt in der Abendsonne, so sah ich noch einmal die Berge in rotes Licht getaucht. Auf dem Flughafen ging alles reibungslos. Ich habe jetzt noch eine Stunde Zeit und mehr und mehr Leute kommen. Mein Gepäck war wieder 17 kg schwer, so viel wie bei der Einreise. Ich bin schon etwas müde und hoffe, dass der Flug nicht zu lange dauert. Ich habe ein gutes Gefühl wieder nach Hause zu fliegen.

CHRONOLOGIE MEINER REISE

2. Juli 1996 Windhoek: Ankunft in Marie's Bed & Breakfast

3. Juli 1996 Windhoek

4. Juli 1996 Windhoek: Besuch von Katutura

5. Juli 1996 Windhoek: Ankunft der Forschungsgruppe aus Südafrika mit Prof. Keyan Tomaselli

6. Juli 1996 Abfahrt nach Norden über Okahandja und Otjiwarango

7. Juli 1996 Grootfontein: Besichtigung des Meteoriten

8. Juli 1996 Baraka: Erstes Treffen mit unserem Übersetzer =Oma Leon Tsamkao/Eastern Otjozondjupa

8. Juli 1996 Tsumkwe: Erste Gespräche (Tsamkao /Kaece)

9. Juli 1996 Tsumkwe: Besuch der Tsumkwe Lodge, (Gespräch mit Arno Oosthuizen und Gespräch mit Kxao Kxami, Kaptein' Pos oder Mangetti Pos und Gespräch mit Ingrid Mijhof, Health Unlimited in

10. Juli 1996 Tsumkwe: Gespräch mit Gao, Schauspieler von „Die Götter müssen verrückt sein", anschliessend in Baraka wo Elefanten nachts in das Dorf eindringen auf der Suche nach Wasser

11. Juli 1996 /Aotcha: Gespräche mit !U Debe, N!aiGumtsa, Gunda Bo, !Ungka =Oma, Di//ao =Oma Tsumkwe:Besuch der Klinik

12. Juli 1996 Klein Dobe: Gespräche mit Gwi Gxao, Gxao Ti!kay, Nai!kao Boo und N!ani John

12. Juli 1996 N=aqmtjoa: Gespräch mit Ce!gai

13. Juli 1996 /Aotcha: Filmen für John Marshall

14. Juli 1996 Fahrt nach Grootfontein, die südafrikanische Forschungsgruppe reist nach Natal zurück

15. Juli 1996 Grootfontein

16. Juli 1996 Baraka

17. Juli 1996 /Aotcha: Fahrt mit Nigel Berriman nach /Aotcha, Gespräch mit !U Debe

18. Juli 1996 /Aotcha: Meeting mit Delegierten

19. Juli 1996 /Aotcha: Die Metzger aus Tsumkwe kommen, Ju/'hoansi Namen erhalten von H//wann/a,

20. Juli 1996 /Aotcha: Karate- und Sporttraining mit den Kindern bei der Salzpfanne (*pan*)/Aotcha: Angst – nächtlicher Besuch von Rindern am Zelt

21. Juli 1996 /Aotcha: Ich erfahre, dass mein Übersetzer im Gefängnis in Tsumkwe sitzt

22. Juli 1996 /Aotcha: Löwen dringen in den Viehkraal und töten zwei Rinder

23. Juli 1996 /Aotcha: Jagen von Vögeln bei den Wasserstellen der Salzpfanne, Holzsammeln

24. Juli 1996 /Aotcha: Kinder (/Kunta Janse /Ui und /Ui /Kunta erzählen Geschichten

25. Juli 1996/ Aotcha: Mehr Karatetraining, der Übersetzer kommt zurück

26. Juli 1996 Baraka

27. Juli 1996 Baraka Tsumkwe Gespräch mit Tsamkao /Kaece in Tsumkwe

28. Juli 1996 Baraka

29. Juli 1996 Fahrt nach /Aotcha

30. Juli 1996 /Aotcha: Gespräch mit !U Debe und Hwan//a Gunda und Di!kao=Oma

31. Juli 1996/Aotcha: Gespräche mit !U Debe, N!ai Kgao und Di!kao=Oma

1. August 1996 /Aotcha: Gespräche mit !U Debe, Dikao = Oma und N!ai Gxao

2. August 1996 /Aotcha: Gespräch mit Gunda Boo, die Kinder basteln Gitarren

3. August 1996 /Aotcha

4. August 1996 /Aotcha: Gespräch mit Gunda Boo und N!ai Gxao

5. August 1996 /Aotcha: Gespräch mit Kindern und Jugendlichen

6. August 1996 Baraka: Shop, nachmittags Kurzbesuch in /Aotcha

7. August 1996 Grootfontein

8. August 1996 Baraka: Tod eines Mädchens, Gespräch mit Gwi und //Kushay Gau

9. August 1996 Baraka: Treffen mit kanadischem/namibischem Forscherteam (Prof. Richard Lee und Prof. Ida Sasser) Thema des Besuchs: Aids-Aufklärung in Baraka. Gespräch mit Tsamkao =Oma, President of NNFC

10. August 1996 Fahrt nach /Aotcha: Elefantenalarm und Geburt von Xama im „Busch"

11. August 1996 /Aotcha: Wir feiern die Geburt des kleinen Mädchens

12. August 1996 /Aotcha: Gespräch mit Kushay Gau, Gwi und Di/ai Debe, schwere Erkältungswelle im Dorf

13. August 1996 /Aotcha: Gespräche mit den Frauen über Geburt, Status

14. August 1996 /Aotcha: Gespräch mit !U Debe, Ungka=Oma, Hwann//a Gunda, Di/ai Debe und Kushay/Qui

15. August 1996 /Aotcha: Bewohner diktieren mir Briefe an die Familie Marshall

16. August 1996 /Aotcha: Gunda Boo diktiert mir einen Brief an John Marshall

17. August 1996 Baraka: Fußballspiel

18. August 1996 Baraka/Tsumkwe: Tanz, Musik abends in Baraka, Gespräch mit Tsamkao Bobo, weitere Briefe werden diktiert

20. August 1996 Fahrt nach Windhoek mit Nigel Berriman

21. August 1996 Windhoek: Besuch der National Library of Namibia

22. August 1996 Windhoek: Recherchen in der National Library of Namibia

23. August 1996 Windhoek: Recherchen in der National Library of Namibia

24. August 1996 Windhoek

25. August 1996 Windhoek

26. August 1996 Windhoek: Gespräch mit Nigel Berriman, Environment and Tourism

27. August 1996 Windhoek

28. August 1996 Windhoek

29. August 1996 Windhoek: Gespräch mit Ben Beytel, Ministry for Environment and Tourism (MET)

30. August 1996 Windhoek: Gespräch mit Axel Thoma (NNDFN, Director)

31. August 1996 Windhoek: Rückreise nach Deutschland

NACHSATZ

Sonja Speeter-Blaudszun hat die Veröffentlichung ihres Tagebuches nicht mehr erleben können. Der Verlag dankt der Familie von Sonja Speeter-Blaudszun für die großzügige Geduld im Hinblick auf die Fertigstellung des Buches. Die redaktionelle Arbeit an ihrem Tagebuchtext beschränkte sich auf Korrekturen von Tippfehlern und manchen orthografischen Fehlern. Anmerkungen von Sonja Speeter-Blaudszun im Tagebuch sind in Endnoten umgewandelt worden; in einigen wenigen Fällen sind weitere Endnoten während der redaktionellen Arbeit hinzugefügt worden. Hinweise zu Auslassungen im Tagebuchtext, die Sonja Speeter-Blaudszun in ihrer Einleitung zu diesem Buch erläutert, sind mit eckigen Klammern angegeben worden; die Einleitung selbst wurde lektoriert. Nicht alle Personen in den Abbildungen konnten identifizierert werden; für manchen Hinweis dankt der Verlag Dr. Megan Biesele (Austin, Texas). Der Verlag dankt im Besonderen Dag Henrichsen, der die Idee zu diesem Buch lieferte, für die von ihm geleistete aufwendige Arbeit am Manuskript.

Im Tagebuchtext werden zahlreiche Personen erwähnt. Manche von ihnen verortet Sonja Speeter-Blaudszun in ihrer Einleitung. Einige Namen verweisen auf WissenschaftlerInnen, die z. T. auch im Literaturverzeichnis zu finden sind und vor allem in der 2004 veröffentlichten Dissertation von Sonja Speeter-Blaudszun näher kontextualisiert wurden.

Der Verlag dankt des Weiteren der in Mainz ansässigen Sulzmann-Stiftung für die Gewährung eines Druckkostenzuschuss, sowie Dr. Anna-Maria Brandstetter vom Institut für Ethnologie und Afrikastudien an der Johannes Gutenberg-Universität Mainz.

Die Fachzeitschrift *Anthropos. Internationale Zeitschrift für Völker- und Sprachkunde* veröffentlichte in ihrer Ausgabe 114/2 (2019) einen Nachruf auf Sonja Speeter-Blaudszun.

ABKÜRZUNGSVERZEICHNIS

BBC	British Broadcasting Cooperation
DER	Documentary Educational Resources, MA, Watertown, USA
DÜ	Dienste in Übersee
HU	Health Unlimited
KPF	Kalahari Peoples Fund
GRN	Government of Republic of Namibia
JBDF	Ju/wa Development Foundation (früher: Cattle fund)
JFU	Ju/wa Farmer Union
LIFE	Living in a finite environment project Namibia
MAWF	Ministry of Agriculture, Water and forestry
NEPRU	Namibian Economic Research Unit
NNC	Nyae Nyae Conservancy
MET	Ministry of Environment and Tourism
NGO	Non governmental organization
NNDFN	Nyae Nyae Development Foundation of Namibia
NNFC	Nyae Nyae Farmers Cooperative
SWAPO	South West Africa People's Organization
UNAM	University of Namibia
UNICEF	Kinderhilfswerk
USAID	United States Agency for international development
WIMSA	Working Group of Indiginous Minorities in Southern Africa
WHO	World Health Organization
WWF	World Wild Life Fund (US)

ABBILDUNGSVERZEICHNIS

Alle abgebildeten Fotografien stammen von Sonja Speeter-Blaudszun und beziehen sich auf die Forschungsreise 1996. Sie enthalten keine Legenden, sodass hier nur wenige Bildangaben gemacht werden können. Die Signatur verweist auf die ursprüngliche Bildnummer im Personenarchiv der Autorin und Fotografin in den Basler Afrika Bibliographien.

Cover / S. 3: 175 /Aotcha
S. 2: 023 Sonja Speeter in /Aotcha
S. 10: 136 /Aotcha
S: 15: 199
S. 16: 073 N!ai in /Aotcha
S. 54: 162 /Aotcha
S. 57: 179 /Aotcha
S. 59: 108
S. 61: 170 /Aotcha
S. 81: 081 /Aotcha
S. 84: 026 /Aotcha
S. 88: 097 Unterwegs
S: 95: 056
S. 96: 052 /Aotcha
S. 102: 078 /Aotcha
S. 103: 004 Mit Josef Gabeh
S. 105: 171 /Aotcha
S. 125: 154 Fotoausstellung an der University of Namibia, Windhoek 1996

LITERATURVERZEICHNIS

Barbash, Ilisa 2016: Where all the roads end. Photography and Anthropology in the Kalahari. Cambridge, Mass. Peabody Museum Press. Harvard University.

Barnard, Alan 1992: The Kalahari Debate: a Bibliographical Essay. Edinburgh.

Biesele, Megan 1995: Patrick John Dickens (1953-1992). In: Traill, nthony & Vossen, Rainer & Biesele, Megan (Hg): The comlete linguist. Papers in memory of Patrick J. Dickens. Köln Köppe, S. 7-11.

Biesele, Megan & Hitchcock, Robert 1996: „Visual Ethics and John Marshall's A Kalahari Family." Anthropology Newsletter 37, No 5:15-16.

dies. 2013: The Ju/'hoan San of Nyae Nyae and Namibian Independence. Development, Democracy, and Indigenous Voices in Southern Africa. New York, Berghahn.

Botelle, Andy & Rohde, Rick 1995: Those who live on the land. A socio-economic baseline survey for land use planning in the Communal Areas of Eastern Otjondzupa. Ed. by Republic of Namibia. Ministry of Lands, Resettlement and Rehabilitation, Land Use Planning Series No 1. Windhoek: Ministry of Lands, Resettlement and Rehabilitation

Bowen, Eleonore Smith 1954: Return to laughter. London: Harper and Bros.

Dickens, Patrick 1994: Ju/'hoan-English - English-Ju/'hoan Dictionary. Köln. Rüdiger Köppe.

Garland, Elizabeth 1994: Tourism Development in Eastern Bushmanland. Final Report. Windhoek: NNDFN.

Gordon, Robert 1992: The Bushman Myth. The Making of a Namibian Underclass. Boulder. Westview Press.

Hitchcock, Robert 1986: Kalahari Communities: Bushmen an the Politics of the Environment in Southern Africa. Copenhagen.

Jeursen, Belinda 2007: Writing in the San/d. Autoethnography among indigenous Southern Africans. Hrsg. von Keyan Tomaselli. Lanham: AltaMira Press.

Kandjii, Kaitira 1996: Technical report on the field trip in July to Eastern Bushmanland. Natal: Centre for cultural and media studies. Intern report. Unpublished.

ders. 1999: Interface between Hereros and San of Namibia: the ignored reality. Master thesis in cultural and media studies (1996). Centre for cultural and media studies. Natal. South Africa. Internet-Seite: http://www.und.ac.za/und/ccms/articles/ovakuru.htm. 01.12.1999.

Kapfer, Reinhard & Petermann, Werner & Thoms, Ralph (Hg.) 1991: Jäger und Gejagte. John Marshall und seine Filme. München, Trickster.

Kohl, Karl-Heinz 1986: Exotik als Beruf. Erfahrung und Trauma der Ethnographie. Frankfurt: New York: Campus

Lee, Richard 1979: The !Kung San. Men,Women, and Work in a Foraging Society. Cambridge: Cambridge University Press.

Malinowski, Bronislaw 1967: A diary in the strict sense of term. Stanford University Press.

Marshall, John 1991: The Hunters. In: R. Kapfer et al., Jäger und Gejagte, S. 118-122.

ders. 1993: Filming and Learning. In: Ruby, Jay (Hg), The cinema of John Marshall. Chur, Harwood Academic Publishers, S. 1-133.

Marshall, John & Ritchie, Claire 1986: Where are the Ju/Wasi of Nyae Nyae? Changes in a Bushman Society 1958-1981. University of Cape Town.

Marshall, Lorna 1976: The !Kung of Nyae Nyae. Cambridge, Mass.; London: Harvard University Press.

Melber, Henning 1991: Krieg und Kriegsbewältigung. Freiburg i.B.

Okely J. u. Callaway H. (Hg.) 1992: Anthropology and Autobiography. Routledge. ASA Monographs 29.

Powdermaker, Hortense 1966: Stranger and Friend. New York: Norton.

Shostak, Marjorie 1982: Nisa erzählt. Das Leben einer Nomadenfrau in Afrika. Reinbek: Rowohlt.

Speeter, Sonja 1994a: Ethnographischer Film - die Geschichte von Abgrenzungen. In: Cargo. Zeitschrift für Ethnologie 20: S. 25-27.

dies. 1994b: N/um Tchai - Trance und Heilung. Analyse eines ethnographischen Filmes von John Marshall. Arbeiten aus dem Mainzer Institut für Ethnologie und Afrika-Studien. Band 7. Göttingen: Edition Re.

dies. 1996: Changes of narrative style in John Marshall's films. Paper presented at „Voices in ethnographic film" (Film conference). Organized by Ivo Strecker. Göttingen.

dies. 1998a: Mit der Familie im Feld. Die Ethnologin Lorna Marshall. In: Susanne Schröter (Hg.), Körper und Identität. Ethnologische Ansätze zur Konstruktion von Geschlecht. Hamburg: Lit. S. 198-218

dies. 1998b: „You have to work in the same way like the Marshalls." Begegnungen mit Ju/'hoansi-Frauen in Namibia. Vortrag. Symposium: „Der geschlechtsspezifische Standort in der Feldforschung." Organisation: Susanne Schröter. Frankfurt.

Speeter-Blaudszun, Sonja 1999a: Trance, Tanz und Film. Zum Film „N/um Tchai: The ceremonial dance of the !Kung Bushmen" (1957-58) von John Marshall. In: Walter Dehnert (Hg.), Zoom und Totale. Aspekte eigener und fremder Kultur im Film. Marburg: Arbeitskreis Volkskunde und Kulturwissenschaften e.V. S. 57-70

dies. 1999b: „Now we have clothes, that's the difference." Ju/'hoansi Bushmen creating time. Paper presented at the American Anthropological Association in Chicago: Time at the Millennium.

dies. 2000: Construction of the past and indigenous time concepts of Ju/'hoansi San. In: Basler Afrika Bibliographien. BAB working paper No. 5.

dies. 2001: Anneliese Scherz: Photographin im Auftrag der Marshall-Kalahari-
Expedition von 1952-53. In: Ethnoscripts. Analysen und Informationen
aus dem Institut für Ethnologie der Universität Hamburg. Jahrgang 3
(2). Hamburg. S. 137-148.

dies. 2002: „Nyae Nyae !Kung. Beliefs and rites" von Lorna J. Marshall.
Rezension. In: Ethnoscripts. Analysen und Informationen aus dem Institut der Universität Hamburg. Jahrgang 4 (1). Hamburg. S. 172-174.

dies. 2003: Lorna Marshall – Ethnographin der Ju/'hoansi-Buschleute. Feld-
forschungsbeziehungen während der Marshall-Kalahari-Expedition von
1952-53 im Spiegel biographischer Zeugnisse. In: Elfriede Hermann
und Birgitt Röttger-Rössler (Hg.). Lebenswege im Spannungsfeld loka-
ler und globaler Prozesse: Person, Selbst und Emotion in der ethnolo-
gischen Biographieforschung. Münster: Lit. S. 251-276.

dies. 2004a: „Der Tod tanzt mit mir, schau nicht in mein Gesicht." Begegnungen mit N!ai – einer Ju/'hoansi-Frau – aus Namibia. In: Ethnologie
in Schule und Erwachsenenbildung. Hrsg. von Claudia Kalka. Münster: Waxmann.

dies. 2004b: Die Expeditionen der Familie Marshall. Eine Untersuchung zur
ethnographischen Erforschung der Nyae Nyae !Kung. Münster: Lit.

Thomas Marshall, Elizabeth 1959: The Harmless People. New York: Vinta-
ge Books.

Tomaselli, Keyan G. 1991: Der „Andere" im Film. Macht, Ausbeutung und
anthropologische Verantwortung. In: John Marshall und seine Filme.
R. Kapfer et al., Jäger und Gejagte, München: Trickster. S. 180-188.

Volkman, Toby 1982: The San in Transition. Cambridge. Cultural Survival.

Weaver, Tony: 1989: The South African Defence Force in Namibia. In: Cock,
Jacklyn & Nathan, Laurie (Hg), War and Society. The Militarisation of
South Africa. Kapstadt/Johannesburg, David Philip, S. 90-102.

ders.: 1990: Soziale Folgen des Kriges in Namibia. In: Kandetu, Vezera & Töte-
meyer, Gerhard & Werner, Wolfgang (Hg.), Perspektiven für Namibia,
Bonn: Informationsstelle Südliches Afrika, S. 282-298.

Wilmsen, Edwin 1991: Die Dokumentation war ein Vermächtnis. In: John Marshall und seine Filme. R. Kapfer et al., Jäger und Gejagte, München:
Trickster. S. 80-102.

ENDNOTEN

1 Siehe Speeter-Blaudszun, 2004b.

2 Z.B. Malinowski, 1967.

3 Vgl. Kohl, 1986.

4 Bowen, 1954; Powdermaker, 1966; Marshall Thomas, 1959; Shostak, 1982.

5 S. Juhasz, zitiert nach Okely & Callaway, 1992, S. 6.

6 Biesele & Hitchcock, 2013; Barbash, 2016.

7 Speeter-Blaudszun, 2004b, S. 255-289.

8 Die folgenden Ausführungen stützen sich insbesondere auf Speeter-Blaudszun, 2004b, S. 43ff., und Biesele & Hitchcock, 2013.

9 Lee, 1979, S. 35.

10 Hitchcock, 1996, S. 51.

11 Melber, 1991; Weaver, 1989, S. 100 ff, und 1990, S. 291 ff.

12 Die vordergründige Verlockung der Geld- und Warenökononomie machte es für die verarmten und in ihrer Existenz bedrohten Buschleute attraktiv, sich am Kriegsdienst zu beteiligen. Es entstand ein enormer Geldfluss in der Region. Die Soldaten verdienten 1982 rund 600 Rand pro Monat zuzüglich Nahrungsrationen für ihre Familien. Siehe Marshall & Ritchie, 1986, S. 8.

13 Dieser Bericht wurde von einem Architektenbüro in Kapstadt für die südafrikanische Verwaltung in Namibia angefertigt.

14 Marshall, John, 1991, S. 14.

15 Gordon, 1992, S. 173.

16 Der Entwurf war zum großen Teil schon von den Westmächten und den Vereinten Nationen vorbereitet worden und setzte das Datum für die Unabhängigkeit Namibias fest.

17 Vgl. Biesele & Hitchcock, 2013, S. 51.

18 Das Buch von Marjorie Shostak, ursprünglich 1981 veröffentlicht, ist 1982 auf Deutsch als "Nisa erzählt. Das Leben einer Nomadenfrau in Afrika" erschienen. 1980 erschien bereits John Marschalls Dokumentarfilm „N!ai. The Story of a !Kung Woman".

19 Marshall, Lorna, 1976; Volkman, 1982.

20 Siehe Biesele, 1995.

21 Dickens, 1994.

22 Aus Marshall, Lorna, 1976.

23 Biesele & Hitchcock, 1996.

24 Siehe John Marshall bzw. Reinhart Kapfer, 1991.

25 Tomaselli, 1991.

26 Die genannten Personen sind Historiker bzw. Ethnologen in Namibia, Südafrika bzw. Deutschland.

27 Nach Botelle & Rohde, 1995, S. 255.

28 Die Gespräche und Interviews der gesamten Reise (in englischer Sprache) habe ich den Basler Afrika Bibliographien zum Archivieren und für weitere historische Studien überlassen.

29 Gleichnamiger südafrikanischer Film (1980).

30 Diese Befürchtung sollte sich nicht bewahrheiten, jeder von uns hat später autonom seine eigenen wissenschaftlichen Veröffentlichungen getätigt.

31 In der Region sind sehr viele Menschen an Tuberkulose erkrankt (vage Schätzungen sprachen 1996 von 40 %). Die Behandlung der Krankheit ist unter den dortigen Bedingungen sehr schwierig. Einen wirksamen, vorbeugenden Schutz gibt es nicht.

32 Gemeint ist der amerikanische Cellist Yo-Yo Ma, der sich 1993 in Baraka aufhielt, dokumentiert in dem Film „Distant Echoes".

33 Kraal verweist auf ein (Vieh-)Gehege, mit *pan* ist eine Salzpfanne gemeint.

34 Auch wollte ich mich nicht als „weiße Nanni" abbilden lassen und ein Verhältnis auf dem Foto abgebildet wissen, das nicht der Realität entspricht.

35 Vgl. Barbash, 2016, S. 187.

36 Die Ausstellung „Miscast: Negotiating Khoisan History and Material Culture" wurde im April 1996 in der South African National Gallery, Kapstadt, eröffnet.

37 Dies ist bis heute nicht geschehen. Wir hatten die letzten 21 Jahre keinen Kontakt.

38 Sheebeen – Bar mit Alkoholausschank.

39 Dazu siehe auch den Film von John Marshall, „The Hunters", 1957.

40 Gemeint ist die Xhosa-Hymne „Nkosi Sikelel' iAfrika", u.a. die Nationalhymne von Südafrika.

41 Gemeint ist Lorna Marshall.

42 Gemeint ist John Marshall.

43 John Marshall, 1993.

44 Der Bezug ist unklar.

45 Es bleibt unklar, auf welchen der Filme von John Marshall Bezug genommen wird.

46 Die Vorliebe für das Kakaotrinken wurde in den 1950er-Jahren von der Familie Marshall eingeführt. Die Leute in /Aotcha baten mich darum, in Grootfontein Kakao zu kaufen und abends warmen Kakao zu reichen.

47 In den 1950er-Jahren erlebte die Familie Marshall etwas sehr ähnliches. Die alte !U Debe bekam ihre Tochter Ungka Norna auch im "Busch". und benannte sie nach "Lorna". Da die Leute den Laut „L" nicht aussprechen konnten, wurde „Norna" als Name gefunden.

48 Ich vermute, dass ich eine Immunabwehr dagegen habe. Mein Vater arbeitete als Krankenpfleger in einer Psychiatrie mit TB kranken Men-

schen, unsere Familie wurde geimpft, ich hatte daraufhin eine starke kör-
perliche Reaktion. Während des 2. Weltkrieges waren meine Mutter und
Großmutter selbst an Tuberkulose erkrankt.

49 Claude McIntyre, Anfang der 1950er-Jahre sog. Commissioner of Bushman Affairs, Windhoek.

50 Ein Musikinstrument.

51 Gemeint ist das Peabody Museum of Archaeology and Ethnology der
Harvard University in the USA.

52 Leider habe ich später nie Post von ihm erhalten.

53 Zur wissenschaftlichen „Kalahari-Debatte", die kritisch Forschungs- und
Interpretationsparadigmen zum historischen Kalahari-Raum erörtert,
siehe insb. Barnard, 1992.

www.ingramcontent.com/pod-product-compliance
Lightning Source LLC
Chambersburg PA
CBHW081740270326
41932CB00020B/3349